PALABRAS DE PODER

PALABRAS DE PODER

JOYCE MEYER

NEW YORK | BOSTON | NASHVILLE

FaithWords
Hachette Book Group
1290 Avenue of the Americas
New York, NY 10104
www.faithwords.com

Primera edición: Diciembre 2015

FaithWords es una división de Hachette Book Group, Inc.

El nombre y el logotipo de FaithWords es una marca registrada de Hachette Book Group, Inc.

International Standard Book Number:
978-1-4555-3241-4

CONTENIDO

Contenido

PARTE 4
PERMITA QUE SUS PALABRAS OBREN A SU FAVOR Y NO EN SU CONTRA

PARTE 5
SUS PALABRAS PUEDEN DETERMINAR SU FUTURO

INTRODUCCIÓN

A veces, los cambios aparentemente pequeños que hacemos en nuestras vidas, tienen un impacto enorme. Hace algunos años, hice un cambio que al principio parecía pequeño, pero luego demostró ser uno de los pasos más significativos que he tomado en mi caminar con Dios: *cambié mi forma de hablar*. Específicamente, cambié la clase de palabras que usaba cuando hablaba sobre las situaciones que acontecían en mi vida. El resultado ha sido tremendo. Esta es la razón por la que he decidido escribir este libro.

Quisiera que, con la ayuda de Dios, pueda comprender que cuando usted comienza a estar en sintonía con la Palabra de Dios y a declarar sus promesas sobre su vida, empezará a experimentar una forma de vida más apacible, llena de gozo y victoriosa.

Independientemente de cuáles sean sus circunstancias, sin importar cómo luzcan las cosas desde una perspectiva natural, ni lo que digan otras personas o lo que sus sentimientos traten de decirle, si comienza a declarar vida—declarar la bondad y fidelidad de Dios cada día y en toda situación—se sorprenderá del impacto que esto le ocasionará.

Sus palabras afectan cada aspecto de su vida: su actitud y perspectiva, su nivel de felicidad, incluso sus logros. Asimismo, si procura que sus palabras se alineen cada vez más con la Palabra de Dios, verá que todos los demás aspectos de su vida también cambiarán para mejor.

Según Santiago 3:3–5, nuestra lengua puede determinar el curso de nuestras vidas.

> *He aquí nosotros ponemos freno en la boca de los caballos para que nos obedezcan, y dirigimos así todo su cuerpo. Mirad también las naves...son gobernadas con un muy pequeño timón...Así también la lengua es un miembro pequeño, pero se jacta de grandes cosas.*

¡Qué representación poderosa! Las palabras que hablamos pueden gobernar nuestras vidas en una u otra dirección. Puede dirigir su vida hacia la perfecta voluntad que Dios tiene preparada para usted o conformarse con lo mejor que pueda alcanzar en sus propias fuerzas. Es su decisión.

Por años, conduje mi vida hacia la desesperanza y negatividad con las palabras que declaraba. Antes de que comprendiera el impacto increíble de las palabras, solía murmurar y quejarme cuando me sentía frustrada o cuando simplemente las cosas no resultaban como las había planeado. Era rápida para confesar con mi boca palabras negativas, llenas de frustración y de tristeza, lo cual implicó que viviera una vida aún más negativa, frustrada y triste. Si se siente identificado, tengo buenas noticias: comience hoy a hacer un cambio y a vencer la negatividad. Puede elegir declarar sobre su vida palabras de sanidad, bienestar, paz, gozo y las promesas de Dios. Para citar un ejemplo, me han realizado una cirugía recientemente y estoy en proceso de recuperación. Una de las cosas que confieso a diario es: "El poder sanador de Dios está obrando en mí y cada día me siento mejor en todo sentido". También procuro hablar sobre mi progreso y no solamente sobre cuánto me falta. Al hacer esto, estoy accionando la Palabra de Dios y permitiendo que su voluntad se cumpla en mi vida.

Con la ayuda de Dios, podrá cambiar sus palabras a fin de cambiar su vida. A modo de explicación y advertencia, no estoy diciendo que cuando hable podrá hacer aparecer las cosas que desee; así como tampoco estoy sugiriendo que niegue con sus palabras la realidad o mienta sobre las circunstancias que no resultaron ser como hubiese querido. Estoy hablando de declarar aquello que la Palabra de Dios dice sobre su situación, en vez de permitir que esta o sus sentimientos triunfen sobre lo que Dios dice. Declare las palabras de poder de Dios y verá su poder actuando en su vida. Al declarar la Palabra de Dios, estamos de acuerdo con Él, y nos permite caminar más cerca de su persona y experimentar sus promesas en nuestras vidas.

A lo largo de los años, he comenzado a creer que nadie puede experimentar la grandeza de Dios sin antes conocer el poder de las palabras. Por eso, creo firmemente en el poder de la declaración. Considero que debemos enfrentar nuestros montes (los obstáculos y dificultades de nuestras vidas) y, muchas veces, la respuesta a nuestros problemas está muy cerca de nosotros, en nuestra boca, por medio de las palabras que declaramos. También creo firmemente en otros principios bíblicos además de comprender el poder de las palabras: la madurez del creyente, la crucifixión de nuestra vieja naturaleza pecaminosa, el despojarse del egoísmo, la obediencia a Dios, el perdón y estar dispuestos a ser guiados por el Espíritu Santo, entre otros.

Los principios en este libro no constituyen una «fórmula» para obtener todo lo que desee, sino que simplemente representan una herramienta más que puede utilizar para alinearse con Dios y ver sus inmensos propósitos cumplidos en su vida. ¡En verdad son una «herramienta poderosa»! Proclamar la Palabra de Dios es una disciplina espiritual que todos necesitamos desarrollar y añade poder a nuestras vidas.

Estoy convencida de que Dios tiene preparada una vida extraordinaria para usted y esta puede comenzar hoy mismo; no espere menos de Dios. Comience a declarar su Palabra—palabras que sueltan su poder—y espere verle actuar de forma asombrosa en su vida.

PARTE I

EL PODER DE SUS PALABRAS

CAPÍTULO 1

Las palabras son portadoras de poder

Proverbios 18:21 nos enseña que la muerte y la vida están en poder de la lengua. Las palabras tienen poder tanto creativo como destructivo. El tener poder implica una gran responsabilidad. Muchas veces, las personas quieren algún tipo de poder para experimentar o hacer alarde de este, pero Dios no lo permite. Cuando Él nos da poder, nos requiere responsabilidad. Ya que Dios le ha dado poder a nuestras palabras, pretende que seamos responsables por las mismas.

En Mateo 12:36, Jesús dijo: «Mas yo os digo que de toda palabra ociosa que hablen los hombres, de ella darán cuenta en el día del juicio». Si realmente creyéramos este versículo y supiéramos que daremos cuenta por nuestras palabras; y si realmente creyéramos que nuestras palabras tienen poder, la mayoría de nosotros seríamos mucho más cuidadosos con lo que decimos.

Podemos ser muy informales en nuestra forma de hablar y a veces decir cosas ridículas. Si nos grabáramos por solo una semana y escucháramos luego nuestras propias palabras, entenderíamos rápidamente por qué tenemos los problemas que enfrentamos y por qué algunas situaciones nunca cambian.

Estoy segura de que escucharíamos en la grabación palabras de duda e incredulidad, quejas, murmuraciones, resentimientos, temores y palabras relacionadas a otros pensamientos y emociones negativos. Es muy probable que también escuchemos muchas afirmaciones con respecto a las situaciones negativas que pudiéremos estar atravesando en ese momento, pero pocas palabras proféticas (profetizar) sobre el gran futuro que Dios ha planeado para nosotros. Podemos llegar a escuchar afirmaciones como estas:

«¡Mi hijo/a nunca va a cambiar! Mejor será que me olvide. Cuanto más oro, peor se comporta».

«Este matrimonio simplemente no va a funcionar. Ya no puedo soportarlo. Si algo más sucede, me voy».

«Siempre lo mismo. Cada vez que junto algo de dinero, sobreviene algún tipo de problema que me cuesta cada centavo que tengo».

«No puedo escuchar la voz de Dios; Él nunca me habla».

«No importa lo que haga, ¡simplemente no puedo adelgazar!».

«Todos en mi familia han sufrido de diabetes, así que estoy a la espera de que me diagnostiquen a mí también».

«Nadie me quiere. Parece que voy a estar solo/a por el resto de mi vida».

Al mismo tiempo que hacemos tales declaraciones

negativas, también decimos que estamos creyendo por nuestros hijos, nuestro matrimonio, nuestras finanzas, nuestra salud espiritual o física y que creemos que el Espíritu Santo nos guiará a encontrar al amor de nuestras vidas.

Con frecuencia, declaramos tales cosas porque nos sentimos temerosos o estresados. Este es un ejemplo personal sobre la forma en la que una vez me expresé cuando me encontraba bajo presión:

Una tarde, estaba buscando algo en mi casa y no podía encontrarlo. Al mismo tiempo, varios miembros de mi familia me pedían ayuda con diferentes cosas. Podía sentir que la presión aumentaba y cuando me superó, mi boca de repente se abrió.

En mi frustración, exclamé: «¡Este lugar me vuelve loca! ¡Nunca logro encontrar nada aquí!».

Al instante, Dios me llamó la atención y me condujo a examinar exactamente lo que había dicho. En primer lugar, me di cuenta de que había mentido porque a decir verdad, solía encontrar las cosas que buscaba y, casi siempre, las encuentro relativamente rápido. Solo porque no podía encontrar *una* cosa en *una* oportunidad, no significaba que *nunca* podía encontrar *nada*.

La mayoría de nosotros tendemos a exagerar cuando nos sentimos presionados. Solemos magnificar las circunstancias, alejándolas de toda proporción y haciéndolas sonar mucho peor de lo que realmente son. Las palabras dichas a la ligera en un momento de exaltación pueden no significar mucho para nosotros; no obstante, definitivamente tienen peso en el mundo espiritual.

Antes de que dijera que no lograba encontrar nada, había dicho: «¡Este lugar me vuelve loca!». El Señor me ayudó a entender que también esta exclamación era una mentira. Me di cuenta de que mi casa realmente no me iba a volver loca, pero si continuaba diciéndolo, posiblemente lo haría.

Si presta atención a lo que las personas dicen, notará que muchos individuos realizan declaraciones negativas sobre su capacidad y condición mental, entre las cuales se encuentran:

«Me ha dejado alucinado».

«Siento que me voy a volver loco/a».

«A veces pienso que voy a enloquecer».

«Mi cerebro no está funcionando correctamente».

«Hoy no estoy pensando bien».

«Nunca recuerdo nada».

«Me estoy volviendo tan olvidadizo. ¡Debo tener Alzheimer!».

«Si esta situación no termina pronto, me dará un ataque de nervios».

«¡Soy tan estúpido!».

Simplemente escuche estas palabras de su propia

boca y lo que otras personas dicen, y sabrá a lo que me refiero.

Un día, hace ya muchos años, mi esposo Dave y yo jugábamos golf con otro hombre que se llamó a sí mismo «tonto» una docena de veces durante el transcurso de cuatro horas. Esto me llevó a pensar: «¡Señor, si supiera cómo está maldiciendo su vida, dejaría de hablar de así!».

No solo debemos dejar de decir tales cosas negativas sobre nosotros mismos, por nuestro propio bien; sino que también necesitamos comprender que al enemigo le encanta este tipo de conversaciones. Cuando hablamos de forma negativa, se alegra porque ello le abre una puerta para hacer que nuestras vidas sean miserables.

Es importante que nos veamos y que hablemos sobre nosotros mismos de la forma que Dios lo hace. Su Palabra afirma que tenemos la mente de Cristo (1 Corintios 2:16) y, por lo tanto, no deberíamos hacer declaraciones negativas y contrarias a la Biblia sobre nuestra mente y procesos de pensamientos.

Si alguna vez siente que en verdad está teniendo algún tipo de problema con su mente, ore al respecto y luego comience a declarar palabras de bien sobre su capacidad mental, de modo que su futuro pueda ser diferente de lo que ha sido su pasado.

El apóstol Pablo le dijo a Timoteo que Dios nos ha

dado espíritu de poder, de amor y de dominio propio (2 Timoteo 1:7). Pablo le dijo esto a Timoteo cuando estaba atravesando un momento de aflicción y estaba cansado de los ataques sobre su vida y sobre su mente. Cuando de algún modo nos sentimos mentalmente incapaces, es importante que nos atrevamos a declarar con nuestra boca: «¡Tengo dominio propio!».

Nuestras palabras tienen poder. Lo animo a que comience ahora mismo a usarlas en forma positiva, a fin de ejercer poder no solo sobre su salud mental, sino también sobre su bienestar físico y sobre todo lo que afecta su vida y las vidas de sus seres queridos.

CAPÍTULO 2

Palabras que afectan el mundo natural

Romanos 10:9–10 es un pasaje específico sobre la salvación, pero contiene verdades y principios que también pueden aplicarse sobre otras áreas de la vida:

> *...que si confesares con tu boca que Jesús es el Señor, y creyeres en tu corazón que Dios le levantó de los muertos, serás salvo. Porque con el corazón se cree para justicia, pero con la boca se confiesa para salvación.*

En este pasaje sobre el proceso de salvación, vemos la importancia de confesar con nuestra boca como de creer en nuestro corazón. Aquello que creemos en nuestros corazones nos justifica y nos hace aceptos delante de Dios. Cuando creemos que Cristo murió por nosotros y que se levantó de entre los muertos, le recibimos como nuestro Salvador. Pero, aquello que confesamos con nuestra boca confirma nuestra salvación delante de las personas y del enemigo. Dios puede ver nuestros corazones, pero las personas y el enemigo escuchan nuestras palabras. Nuestras confesiones declaran con osadía un cambio de creencia. Antes, las personas inconversas servían al enemigo, pero cuando son salvas, le hacen saber al enemigo que han cambiado de señorío.

El diccionario de W. E. Vine define el término griego traducido como *confirmar* según la versión King James como «hacer firme, establecer, asegurar». (W. E. Vine, Merrill Unger, William White Jr. «Sección Nuevo Testamento» del *Vine diccionario expositivo de palabras del Antiguo y del Nuevo Testamento exhaustivo* [Nashville, TN: Thomas Nelson, Inc., 1984], pág. 121 de la edición en inglés). Vine también define el término griego traducido como *confirmación* como «de una validez autorizada que se imparte».

En otras palabras, la confesión—la declaración de nuestras convicciones—constituye la profesión de lo que creemos y la manera en la que nos proponemos vivir nuestras vidas.

El concepto de confesión es similar al de declaración, ya que en ambos se utilizan las palabras para expresar una creencia o compromiso. Una vez vi una película en la cual un rey pronunció un decreto real. Expidió una orden y luego envió a sus caballeros por todo el reino para «declarar el decreto» a los ciudadanos. Es decir, los caballeros declararon lo que el rey había pronunciado. ¡Esto es precisamente lo que hacemos cuando confesamos la Palabra de Dios! Jesús ha declarado la voluntad de su Padre al darnos la Biblia, y también nosotros podemos declarar con nuestra boca el decreto que está en consonancia con Dios.

En el Salmo 2:7, el salmista escribió: «Yo publicaré el decreto». La Palabra escrita de Dios constituye su decreto formal. Cuando, como creyentes, declaramos con nuestra boca la Palabra de Dios, con corazones llenos de fe, aquellas palabras de fe son soltadas a fin de establecer la voluntad y el plan de Dios para nuestras vidas.

Una de las formas de declarar o confesar los planes de bien de Dios es llamar las cosas que no son, como si fueran; creer que lo que Dios nos prometió es real, aunque todavía no lo podamos ver con nuestros ojos naturales. Como creyentes, aprendemos a *«ver con los ojos de la fe»*. Es decir, creemos que lo que Dios dice es aún más fuerte de lo que vemos o sentimos, y eso declaramos.

En Romanos 4:17, leemos que Dios mismo «llama las cosas que no son, como si fuesen». Dicho de otro modo, Él llama las cosas que no existen, como si existieran. Dios llamó a Abram *Abraham*, que significa «padre de multitudes», mucho antes de que Abraham tuviera un hijo. Dios conocía su plan para Abraham y habló en consecuencia.

Debido a que nuestra meta es llegar a ser como Él, podemos ser imitadores. De hecho, creo que llamar las cosas que no son, como si fueran es uno de los mayores privilegios con los que gozamos como hijos de Dios. Por ejemplo, podemos decir: «Jesús suple todas mis necesidades», aun antes de que nuestra circunstancia cambie, porque hemos visto en la Palabra de Dios que Él ha prometido que nada nos faltará.

Quisiera mencionar que este principio también puede operar de forma negativa. Llamar las cosas que no son como si fueran puede volverse en nuestra contra si declaramos cosas que no constituyen la voluntad de Dios, sino la del enemigo.

A veces, me sorprendo de las declaraciones negativas que escucho decir a las personas. Por ejemplo, una persona estornuda y dice: «Debo estar contagiándome de la gripe que está dando vueltas»; o alguien escucha un rumor de que su compañía planea hacer reducción de personal y expresa: «Probablemente me toque esta ronda de despidos y pierda mi empleo. Es la historia de mi vida. Cada vez que las cosas comienzan a estar bien, algo malo sucede».

El comportamiento de estas personas es mucho más que una simple actitud negativa o malhumorada. Están en verdad declarando al mundo espiritual cosas que aún no sucedieron, como si ya hubiesen sucedido. Están preocupadas por aquellas cosas que aún no son reales o ciertas; y a través de sus pensamientos y declaraciones negativos (porque las palabras tienen poder), pronuncian palabras que pueden condicionar sus futuros.

Me he dado cuenta de que cada cosa que decimos, ya sea positiva o negativa, no siempre se cumple de inmediato; pero creo firmemente que si hablamos de forma negativa, tendremos una calidad de vida inferior a la que deseamos. Del mismo modo, si hablamos a diario de forma positiva, tendremos una mejor calidad de vida.

Las personas que por años han hablado de forma negativa, necesitarán aprender nuevamente a hablar de forma positiva y acorde con lo que Dios dice. Aquellos que su única forma de expresarse y relacionarse se ha basado en el temor, deberán aprender a dirigirse a otros con fe. El método más efectivo que conozco para atravesar esta transición es confesar la Palabra de Dios; empiece a usar sus palabras para declarar el poder de la Palabra de Dios.

Cuando comencé a aprender el principio que estoy compartiendo en este libro, era una persona muy negativa. Era cristiana y asistíamos con mi esposo Dave a los servicios con regularidad, diezmábamos y estábamos activos en la obra de la iglesia. Sin embargo, no sabíamos que podíamos afectar de alguna forma nuestras circunstancias. No teníamos idea de que Dios deseaba manifestar su poder en nosotros ni que nuestras palabras tenían poder.

Dios comenzó a enseñarme que no debía pensar o decir cosas negativas, y empecé a darme cuenta de que mi negatividad impedía que Él obrara en mi vida como quisiese. Comencé a creer que vería más de Dios si dejaba de ser tan negativa. Obedecí, y no transcurrió mucho tiempo para que me volviera una persona mucho más feliz, ya que a las personas negativas les cuesta ser felices.

Luego de haber transcurrido un tiempo, no sentía que mis circunstancias hubiesen cambiado. Cuando oré al respecto, me di cuenta de que había dejado de hablar de forma negativa, pero no estaba declarando nada positivo. Esa fue mi primera lección sobre llamar aquellas cosas que no son, como si fueran. Dios me enseñó esta lección en una manera muy personal, y resultó ser una de las victorias más importantes en mi vida.

Como parte del proceso de aprendizaje de hablar por fe, realicé una lista de escrituras que, según mi entendimiento, me correspondían como creyente, de acuerdo con la Palabra de Dios. Dos veces por día, por aproximadamente seis meses, declaraba esas verdades en voz alta. Solía hacerlo sola en mi casa, para que nadie me viera o escuchara. Estaba edificando mi fe y creciendo en Dios mientras «publicaba el decreto». Declaraba palabras de fe a los cielos, y Dios comenzó a usarlas para cambiar mis circunstancias.

He incluido parte de mi lista de declaraciones en el apéndice A, «Declaraciones de la Palabra de Dios», pero lo animo a que elabore su propia lista basándose en sus esperanzas, sueños y necesidades, en conformidad con la Palabra de Dios y a las promesas de Dios que haya tomado como propias. En la medida en que permanezca fiel en confesar la Palabra de Dios como parte de su comunión con el Señor, se establecerán firmemente en su corazón.

Cuando medita en su Palabra, que implica el declararla y procesarla una y otra vez en su mente, esta se vuelve parte de usted, y las respuestas a sus problemas o dificultades en su vida cambiarán. Por ejemplo, en vez de decir impulsivamente algo negativo cuando escuche algún rumor sobre reducción de personal en su trabajo, declare que Dios tendrá cuidado de usted. Él lo ayudará a mantener su empleo o le dará uno mejor.

CAPÍTULO 3

Palabras que mueven montañas

¿Tiene problemas en su vida? La respuesta está muy cerca de usted, en su boca. Al menos una gran parte. Como creyentes, a veces nos referimos a nuestros problemas como «montes» porque actúan como obstáculos en nuestras vidas y atravesarlos resulta difícil.

Jesús específicamente nos dijo qué debemos hacer cuando nos enfrentamos a un problema o a un monte. Él dijo: «Tened fe en Dios. Porque de cierto os digo que cualquiera que dijere a este monte: Quítate y échate en el mar, y no dudare en su corazón, sino creyere que será hecho lo que dice, lo que diga le será hecho» (Marcos 11:22–23).

Jesús hace una declaración un poco inusual, la cual consideraremos en detalle, cuando dice que debemos hablarles a nuestros montes en fe y ordenarles que sean quitados y echados al mar.

En primer lugar, debemos prestar atención a lo que le decimos a nuestros montes. En otras palabras, cuando enfrentamos algún problema, ¿cómo le hablamos? Observe que pregunté «cómo *le* hablamos», y no «cómo hablamos *acerca de* este». Ambos interrogantes son importantes, pero ahora quiero concentrarme en lo que le decimos a nuestros obstáculos y dificultades. Marcos 11:22–23 claramente nos enseña a declarar la voluntad de Dios y no la nuestra, y la voluntad de Dios es su Palabra. Quizás le parezca extraño pensar en hablarle a un problema, pero debemos recordar que Jesús le habló a los vientos y al mar y les ordenó que callasen (Marcos 4:39).

Cuando Satanás tentó a Jesús en el desierto (vea Lucas 4), Jesús respondía ante cada tentación con la Palabra de Dios. Reiteradamente, Jesús dijo: «Escrito está» y citaba las escrituras que argumentaban en contra de las mentiras y engaños del enemigo.

Quizás haya oído otras enseñanzas sobre el poder de declarar la Palabra de Dios sobre sus montes y lo haya puesto en práctica por algún tiempo. Si no ve resultados inmediatos, ¿se dará por vencido y comenzará de nuevo a dar rienda suelta a sus pensamientos y sentimientos? ¡Si actúa de este modo no tendrá la victoria! Debemos ser persistentes en hacer el bien y entonces, solo entonces, veremos los resultados. Nuestras circunstancias no cambiarán a causa de lo que hacemos bien solo una vez, sino por lo que hacemos bien vez tras vez. Debemos comprometernos a hacer lo correcto, no simplemente por el resultado en sí, sino por el hecho de que ¡es lo correcto!

Gálatas 6:9 dice: «No nos cansemos, pues, de hacer bien; porque a su tiempo segaremos, si no desmayamos».

Únicamente la palabra de Dios nos da la victoria que necesitamos. Debemos resistir las palabras que se originan en nuestras mentes y emociones y ser perseverante en declarar la Palabra de Dios.

A fin de ilustrar mi punto sobre el concepto de perseverancia, permítame recordarle que un labrador de piedras puede golpear la piedra con un martillo noventa y nueve veces y no ver ninguna evidencia de que la piedra se esté quebrando. Luego, con el centésimo golpe, la roca de repente se parte a la mitad. Con cada golpe, la piedra se iba debilitando, a pesar de que no había ninguna señal evidente de que faltara solo un golpe más para que esta se partiera. La perseverancia, como vemos en este ejemplo, es un eslabón fundamental para alcanzar la victoria. Debemos estar convencidos de lo que creemos y ser determinantes en perseverar hasta ver el resultado esperado.

Sin lugar a dudas, el declarar la Palabra de Dios una y otra vez, sin ánimo de renunciar, es absolutamente necesario para obtener la victoria; pero no es la única clave para vencer nuestros problemas. La obediencia es igualmente importante. Aquellos que piensen que pueden vivir en desobediencia y luego declarar la Palabra de Dios a sus problemas y obtener resultados positivos, están equivocados; parte del poder en declarar la Palabra también recae en una vida de obediencia a Dios.

Creo que la obediencia es el tema central de la Biblia. Muchas personas viven hoy en confusión a causa de la desobediencia. La misma puede ser el resultado de una variedad de factores, entre ellos, simplemente el no conocer la Palabra de Dios. Pero el hecho es que el obedecer su Palabra trae bendición, mientras que la desobediencia, cualquiera sea el motivo, trae consecuencias negativas.

Veamos Deuteronomio 28:1–2, el cual enfatiza la relación entre la obediencia y la bendición: «Acontecerá que si oyeres atentamente la voz de Jehová tu Dios, para guardar y poner por obra todos sus mandamientos que yo te prescribo hoy, también Jehová tu Dios te exaltará sobre todas las naciones de la tierra. Y vendrán sobre ti todas estas bendiciones, y te alcanzarán, si oyeres la voz de Jehová tu Dios». Por favor, preste atención a los «si» condicionales en este pasaje. Estos nos muestran la importancia de la obediencia y nos hacen saber qué podemos alcanzar si, y solo si oímos a Dios y obedecemos su voz.

Dios permanece siempre fiel. Él es fiel a su Palabra todo el tiempo. Nuestra desobediencia no hace que Dios cambie, pero nuestra obediencia abre las puertas para que sus bendiciones sean derramadas sobre nuestras vidas. Como cristianos, tú y yo podemos tener lo que queramos, pero solo si lo que pedimos está alineado con la Palabra de Dios y su voluntad. El «hablar a nuestros montes» no es alguna clase de hechizo que podemos usar cada vez que queramos algo, mientras continuamos viviendo según los deseos de nuestra carne y en desobediencia. Podemos dirigirnos a nuestros problemas, y por medio de nuestras palabras de fe estos se moverán, siempre y cuando vivamos en obediencia a Dios.

Además de declarar continuamente la Palabra de Dios y guardar sus mandamientos cuando enfrente algún monte en su vida, el perdón es fundamental para obtener la victoria. Marcos 11:24–26, el cual se encuentra a continuación del pasaje de «hablar a nuestros montes» en Marcos 11:22–23, aborda específicamente la relación entre la respuesta a la oración y el perdón.

> Por tanto, os digo que todo lo que pidiereis orando, creed que lo recibiréis, y os vendrá. Y cuando estéis orando, perdonad, si tenéis algo contra alguno, para que también vuestro Padre que está en los cielos os perdone a vosotros vuestras ofensas. Porque si vosotros no perdonáis, tampoco vuestro Padre que está en los cielos os perdonará vuestras ofensas.

Marcos 11:22–26 debe considerarse como una unidad. En el versículo 22, Jesús nos dice que tengamos fe en Dios. En el versículo 23, nos enseña la importancia de declarar con fe al dirigirnos a nuestros montes. El versículo 24 habla de la oración y de la importancia de orar creyendo que recibiremos lo que pidamos. En el versículo 25, nos exhorta a perdonar y en el 26 nos dice que si nosotros no perdonamos, tampoco Dios perdonará nuestras ofensas. Así que podemos concluir de toda esta enseñanza que no tendremos poder para dirigirnos en fe a nuestros montes, si nuestros corazones están llenos de resentimientos. Fracasaremos si intentamos guardar uno de los principios de Dios, pero ignoramos otro por completo. La fe solo obra y se activa por el amor (Gálatas 5:6), y el amor requiere que perdonemos a aquellos que nos han herido o tratado injustamente.

Todos debemos atravesar montes en algún momento de nuestras vidas y deseamos obtener la victoria. La mejor manera de conseguirla es declarando continuamente la Palabra de Dios ante los problemas, con un corazón obediente a su Palabra, viviendo una vida de perdón para obtener las respuestas a nuestras oraciones.

CAPÍTULO 4

Aprenda a hablar palabras de poder

Cuando nos convertimos en cristianos, ¡tenemos mucho por aprender! Por ejemplo, debemos conocer la Palabra de Dios; debemos aprender a escuchar su voz y a obedecer sus mandamientos; debemos aprender a orar y aprender a usar nuestros dones y capacidades para servir a Dios y ministrar a otros. También es necesario que aprendamos a hablar el idioma de Dios. Lo animo a que esté entusiasmado por aprender, ya que cuanto más aprenda, más poderosa y fructífera será su vida.

El apóstol Pablo escribió acerca de esto en 1 Corintios 3:1: «De manera que yo, hermanos, no pude hablaros como a espirituales, sino como a carnales, como a niños en Cristo».

Vemos en este versículo que cuanto más crecemos en Cristo, mayor es nuestro conocimiento sobre las cosas espirituales. Pablo era un cristiano maduro y podía hablarles a otras personas espiritualmente maduras de un modo determinado, mientras que debía comunicarse de otro modo con aquellos creyentes que aún no habían alcanzado tal grado de madurez.

Cuando comenzamos a caminar con Dios, no

tenemos la sabiduría ni experiencia que necesitamos para pedir y orar siempre por las cosas correctas. Cuando nos encontramos en esta etapa de crecimiento espiritual, deberíamos agradecer que Dios es misericordioso y ¡no nos da todo lo que pedimos! En esta instancia de nuestras vidas cristianas, tendemos a decir muchas cosas que se basan en nuestra voluntad y no en la de Dios, simplemente por el hecho de que aún no podemos establecer la diferencia. Al ser «como niños» en Cristo, aún no hemos aprendido a hablar. Del mismo modo que los bebés naturales tienen que aprender a hablar primeramente como niños y luego como adultos, los cristianos también tienen que desarrollar el idioma de Dios.

Hebreos 5:13–14 continúa enseñándonos sobre la madurez espiritual:

> *Y todo aquel que participa de la leche es inexperto en la palabra de justicia, porque es niño; pero el alimento sólido es para los que han alcanzado madurez, para los que por el uso tienen los sentidos ejercitados en el discernimiento del bien y del mal.*

Alcanzar la madurez lleva tiempo. Sabemos que implica un tiempo físico, pero también lleva tiempo a nivel espiritual. Se necesita de tiempo para conocer a Dios, aprender su Palabra y conocer su corazón. Cuando pensamos en declarar la Palabra de Dios, nos damos cuenta de que su voluntad con respecto a algunas cuestiones se expresa con claridad en su Palabra (la salvación, la sanidad, la semejanza de Cristo y la restauración, por ejemplo).

Cuando todavía no había alcanzado la madurez en mi caminar con Dios y conocía poco de su Palabra, solía ser exagerada con los principios que aprendía. Por ejemplo, cuando estaba aprendiendo que mis palabras tenían poder, hacía declaraciones positivas sobre las cosas que quería, sin considerar si cumplían el propósito de Dios para mi vida. Podemos conocer mucho acerca de la voluntad de Dios al estudiar su Palabra; sin embargo, existen muchas decisiones que no están explícitas en la Palabra de Dios. Por ejemplo, su Palabra no me dice cuándo comprar un automóvil o qué modelo comprar. No me muestra qué carrera debo elegir o con quién me casaré. En este tipo de decisiones, debo recurrir a la guía del Espíritu Santo y a su sabiduría y paz. Podemos y debemos orar y esperar creyendo que Dios cumplirá sus promesas y que nos dará todas las demás cosas en su tiempo y de la manera que sea mejor para nosotros.

Hay quienes creen que pueden tener lo que pidan, pero solamente podemos tener aquello que Dios nos conceda. Nuestra meta es aprender a vivir en concordancia con Dios. Hace muchos años, escuché que las personas de fe podían «recibir todo lo que pidan».

Me gustó ese principio porque sabía lo que quería y pensé que finalmente había encontrado una manera nueva y fácil de obtenerlo. Pero no había comprendido plenamente aquel concepto. Me habían enseñado una verdad a medias, la cual no es una verdad en absoluto. Tenía que crecer y madurar en mi fe a fin de comprender la plenitud del poder de las palabras y qué significaba realmente «hablarle a mis montes», «publicar el decreto» y «llamar aquellas cosas que no son, como si fueran».

Pedir con humildad

Santiago 4:2 dice que no tenemos ciertas cosas porque no pedimos. El versículo siguiente, Santiago 4:3, dice que a veces pedimos y no recibimos porque pedimos mal o con propósitos egoístas. Puede que nos cueste creerlo de nosotros mismos, pero a veces es verdad. Sobre todo es verdad en creyentes que no han permitido que el proceso purificador de Dios obre en sus vidas. En ese caso, aquellas personas seguramente recibieron a Dios en sus corazones, pero aún son cristianos carnales en vez de espirituales.

Creo que en esas ocasiones, cuando lo que le pedimos a Dios no está claramente explícito en su palabra ni estamos seguros de tener una dirección clara por parte de Dios sobre determinado asunto, lo más aconsejable es orar: «Si es tu voluntad». De esta forma, podemos atrevernos a pedir aquello que queramos, pero al mismo tiempo nos estamos sometiendo a los propósitos de Dios. Esta es una oración con humildad, ya que solo queremos recibir aquellas cosas que estén en conformidad con la voluntad de Dios.

Hace varios años, Dave y yo estábamos vacacionando en un hermoso lugar en Georgia. Nos encontrábamos realmente exhaustos, y Dios nos abrió las puertas para que tomásemos un tiempo libre a fin de ser renovados y restaurados. Disfrutábamos tanto del lugar que comenzamos a hacer planes para regresar al mismo destino el año entrante y llevar a nuestros hijos para unas extendidas vacaciones familiares. Estábamos tan emocionados sobre nuestros planes que comencé a «declarar» (hacer una confesión verbal de fe): «Regresaremos a este lugar el próximo año y toda nuestra familia será bendecida con unas vacaciones».

De repente, sentí un fuerte impulso por recordar Santiago 4:15, que dice: «Más bien, debierais decir: Si el Señor quiere, viviremos y haremos esto o aquello». Más tarde, comencé a estudiar aquel pasaje de la Escritura y observé el versículo 16: «Pero ahora os jactáis en vuestra arrogancia; toda jactancia semejante es mala».

Existe una diferencia entre fe y confianza, y necedad y arrogancia. Hasta que sepamos discernir la diferencia, nuestras vidas espirituales pueden estar llenas de luchas y decepciones en vez de estar llenas de la gracia y victoria de Dios.

Una oración humilde sería: «Señor, quisiera tal cosa... si es tu voluntad, si se encuadra dentro tus planes, si es lo mejor que tú tienes para mi vida y si es tu tiempo». De hecho, a menudo oro: «Dios, no me concedas nada de lo que pido si no es lo mejor que tú tienes para mi vida, de acuerdo con tu voluntad».

Proverbios 3:7 nos enseña a no ser sabios a nuestros propios ojos. En otras palabras, no debemos pensar que lo sabemos todo. Dios es el único que en verdad conoce aquello que es mejor para nosotros y cuándo es el tiempo perfecto para recibirlo.

Hubo un período en mi vida cuando pensaba que lo sabía todo y creía que si todos me escuchaban, nos entenderíamos bien. Ahora he descubierto que no sé tanto como alguna vez pensé, desde ya sin compararme con Dios. Estoy deseosa por aprender y crecer espiritualmente cada día.

PARTE 2

CAMBIAR SUS PALABRAS ES PARTE DEL CRECIMIENTO ESPIRITUAL

CAPÍTULO 5

Sus palabras reflejan su carácter

El diccionario Webster define el término *carácter* como «estado de ánimo usual de una persona; temperamento», «tendencia habitual o inclinación» o «manera usual de responder desde lo emocional», (*Webster's II New College Dictionary* [Boston: Houghton Mifflin Company, 1995], s.v. «disposition» [carácter]). Una de las maneras en las que las personas identifican nuestro carácter es a través de nuestras palabras.

¿Qué clase de carácter tiene? ¿Se considera una persona feliz y de buen carácter o está por lo general malhumorado o irritable? ¿Es una persona amable y bondadosa o amargada y mala? ¿Es usted apacible o se enoja con facilidad? ¿Es una persona positiva y optimista o negativa y depresiva? ¿Es usted tolerante y fácil de complacer o exigente y demandante?

Durante mi infancia, parecía que estaba rodeada de personas con un carácter negativo. Esta clase de gente es muy difícil de complacer. Si alguna vez ha estado alrededor de personas con tales tendencias negativas, estoy segura de que sabrá a lo que me refiero. Nunca están satisfechas con nada; siempre quieren algo más aparte de lo que tienen. Por ejemplo, se sientan a la mesa para comer pollo frito y manifiestan su decepción porque el pollo es frito y no al horno. Este es un ejemplo simple, pero refuerza mi argumento.

Como creyentes, debemos tener un carácter positivo y lleno de fe. De hecho, por ser llamados hijos de Dios, creados a su imagen y semejanza, deberíamos tener el carácter manso de su Hijo Jesús. Muchos creen que si Jesús entrara a un lugar en donde hay contiendas, le tomaría solo unos minutos para pacificar cualquier situación. Él tenía esa naturaleza de mansedumbre. Era manso y humilde de corazón (Mateo 11:29). Jesús no tenía que demostrar nada, ni le preocupaba lo que otros pensaran sobre Él. Ya conocía su identidad, por lo tanto, no sentía la necesidad de defenderse. A pesar de que otras personas a veces se molestaban con Él e incluso trataban de provocarlo a discusión, su respuesta siempre era pacífica y amorosa.

Jesús quiere que nuestro carácter y nuestras palabras tengan el mismo efecto tranquilizante sobre las personas. Asimismo, desea que usemos nuestras palabras para animar y levantar a otros en fe dondequiera que vayamos.

A fin de crecer espiritualmente, debemos plantearnos si nuestro carácter se asemeja al de Cristo. ¿Somos humildes, simples, agradables o somos orgullosos, complicados e inflexibles?

Mi esposo Dave es una de las personas que conozco

que en verdad tiene un carácter manso. De hecho me sorprende cuán tolerante es. Puede estar preparándose para dormir una siesta y yo interrumpirle para que haga algo para mí, y casi siempre se muestra dispuesto a cambiar su plan sin murmurar al respecto.

Si alguien me pidiera que le haga un recado justo cuando estoy lista para una siesta, ¡dudo que mi predisposición sea tan agradable! Pero me emociona decir que con la ayuda de Dios he mejorado mucho, y espero continuar haciéndolo.

Aquellos que tienen un carácter manso son personas que brindan aliento. Sin importar lo que suceda a su alrededor o lo que otros digan o hagan, siempre parecen tener una palabra de aliento o palabras de bondad para compartir.

Proverbios 8:6–9 es un pasaje poderoso de la Escritura, que encierra principios a los que debemos aspirar cuando abrimos nuestra boca:

Oíd, porque hablaré cosas excelentes, y abriré mis labios para cosas rectas. Porque mi boca hablará verdad, y la impiedad abominan mis labios. Justas son todas las razones de mi boca; No hay en ellas cosa perversa ni torcida. Todas ellas son rectas al que entiende, y razonables a los que han hallado sabiduría.

Este pasaje no debería convertirse solo en nuestra declaración y testimonio, sino también en nuestra reputación. Es decir, no solamente lo que decimos sobre nosotros mismos, sino también lo que otros dicen acerca de nosotros. ¿Puede imaginarse que alguien dijera de usted aquello que dice este pasaje? En el lenguaje actual, podrían decirle algo así: «¡Usted habla cosas tan excelentes! Habla verdad y odia la maldad. Todo lo que dice está en concordancia con Dios. No hay nada engañoso o falso en las palabras de su boca. Cuando habla, todo es claro. Es una persona fácil de entender y la gente siempre aprende de usted».

Pese a lo admirable de esta descripción, no abarca a tanta personas como debería. No obstante, todos deberíamos aspirar a la misma. Desafortunadamente, muchos de nosotros hemos aprendido a hablar con rodeos. Cuando terminamos de hablar, hay quienes todavía no entendieron exactamente lo que quisimos decir. Tenemos que aprender a entablar una comunicación clara, directa, honesta y sincera.

En Santiago 3:10, leemos que no debe salir de nuestra boca bendición y maldición o palabras de bien y de mal. En cambio, al igual que la mujer virtuosa en Proverbios 31, en nuestra lengua debe haber clemencia. Como hijos de Dios, llenos de su Espíritu, debemos expresar los frutos del Espíritu a través de nuestras palabras y acciones; especialmente los frutos de benignidad, bondad, mansedumbre y templanza (Gálatas 5:22–23). Estas virtudes deben reflejar nuestro carácter.

Dios pretende que seamos de ese modo. Esta es la razón por la que nos dio una boca; no para menospreciar a las personas, ni para juzgar a otros ni para criticar y condenar a quienes discrepan con nosotros.

Como personas que aman a Dios y anhelan servirle, no tenemos que ser severos, duros o inflexibles, sino mansos, amables, alentadores y humildes. Si estas cualidades están en nuestros corazones y mentes, inevitablemente se expresarán a través de nuestra boca.

CAPÍTULO 6

¿Es su boca salva?

Recuerdo bien el día en que me di cuenta de que mi boca necesitaba ser salva. Puede pensar que suena un poco extraño, así que permítame explicarle.

Cuando me convertí, fui salva; no obstante, es posible ser cristiano y no actuar o hablar como tal. Uno puede sin dudas ser hijo de Dios, pero no comportarse como parte de la familia de Dios. Lo sé porque en mis primeros años como creyente, yo era una de esas personas. Fue en ese momento cuando aprendí que el recibir a Jesús en mi corazón como mi Señor era solo el comienzo en mi caminar con Dios, y que de acuerdo con su Palabra, también era necesario «ocuparme» en mi salvación con temor y temblor.

Una vez que recibimos la salvación en nuestros corazones, también nuestras mentes, bocas, actitudes, comportamientos y demás áreas necesitan de la salvación, por así decirlo. Esto es parte del proceso de santificación por el que debemos pasar como hijos de Dios.

Por tanto, amados míos, como siempre habéis obe-
decido, no como en mi presencia solamente, sino

mucho más ahora en mi ausencia, ocupaos en vuestra
salvación con temor y temblor.

Filipenses 2:12

Además de escribir estas palabras en Filipenses, el apóstol Pablo también es el autor del libro de Efesios. En Efesios 2:8–9, claramente expresa que la salvación no se puede ganar, sino que es un don por la gracia de Dios; la recibimos por medio de la fe y no implica algún tipo de recompensa por buenas obras: «Porque por gracia sois salvos…No por obras…». En estas dos porciones de la Escritura, el apóstol nos enseña que no somos salvos por nuestras «obras», pero sí debemos «ocuparnos» en nuestra salvación.

Permítame explicar que el don de la salvación nos es dado totalmente por gracia de Dios y de ninguna manera depende de nuestras obras, sino que lo recibimos por medio de la fe. Cuando recibimos este don y somos salvos y nacidos de nuevo, también recibimos el Espíritu Santo que nos ayuda en nuestra tarea de «ocuparnos» en nuestra salvación. Este proceso se denomina *madurez espiritual*, el cual es muy importante, ya que existen muchísimos cristianos que siguen actuando como niños espirituales. No tienen un crecimiento ni una madurez espiritual y, como resultado, Dios no los puede usar para el crecimiento de su Reino.

Cuando recibimos a Jesús, Él crea en nosotros un

corazón nuevo. Esto es algo que solo Dios puede hacer por medio de su gracia, misericordia, amor y bondad. Él hace todo el trabajo, a fin de que recibamos gratuitamente el don de la salvación por medio de la fe.

Luego, entramos en un proceso de por vida para transformarnos más y más a la semejanza de Cristo. Comenzamos a «ocuparnos» en nuestra salvación, pero gracias a Dios, no lo hacemos en nuestras propias fuerzas (Filipenses 2:13). Podemos comparar este proceso al de una semilla que es sembrada en la tierra, para luego convertirse en una planta que da fruto. La salvación es como una semilla que es sembrada en nuestros corazones. Una vez depositada allí, debemos cooperar con el obrar del Espíritu Santo para que esa semilla plantada en nosotros pueda convertirse en una planta fuerte, saludable, viva y productiva.

Jesús es la semilla de todo lo bueno que Dios espera que lleguemos a ser, experimentar, alcanzar y gozar. Dios mismo siembra la semilla por medio del don de la salvación, pero nosotros tenemos que cultivarla, nutrirla, regarla y cuidarla con la guía del Espíritu Santo. También debemos permitirle que nos ayude a mantener la tierra labrada y sin malas hierbas.

La tierra en donde la semilla es sembrada es una parábola de nuestras vidas. Mantener la tierra labrada y sin espinos significa que tenemos que cooperar con Dios para que Él nos transforme y remueva todas aquellas cosas que necesitan ser desechadas de nuestras vidas. Esto no sucede de un día para otro, sino que lleva tiempo. Hay una gran obra por hacer, y solo el Espíritu Santo sabe cómo y cuándo completarla.

En la medida en que estudiamos la Palabra de Dios y nos rindamos a su voluntad, Él nos transformará a la imagen de Cristo (2 Corintios 3:18).

Si recordáramos el comienzo de nuestro caminar con Dios, he hiciéramos un inventario de las cosas que Él cambió en nosotros desde entonces, nos asombraríamos de todo lo que ha hecho. Fácilmente, podemos ver cuán diferente somos ahora en comparación a cuando comenzamos nuestras vidas como cristianos.

Al ser creyente desde joven, una de las áreas en la que Cristo primeramente comenzó a obrar fue en el área de mi independencia. A raíz de ciertos aspectos de mi crianza, era una persona extremadamente independiente y sentía que Dios me estaba desafiando a aprender a no hacer nada sin apoyarme en Él.

Luego de haber trabajado con mi independencia por algún tiempo, Dios comenzó a mostrarme otros aspectos que necesitaba cambiar. Recuerdo un período cuando Él se centró en mis motivaciones y comenzó a enseñarme que lo que hacía no era tan importante como el motivo por el cual lo hacía. También obró en mis actitudes, mis elecciones de entretenimiento, mi forma de vestir, mis pensamientos y, por supuesto, mi boca.

Permítame decirle que probablemente haya tratado más sistemáticamente mi forma de hablar que cualquier otra área. Él sabe que las palabras contienen el poder de la vida y la muerte y quiere que usted y yo hablemos vida. Justo esta mañana, durante mi tiempo de comunión con Dios, me dio una lección para refrescar mi memoria sobre el poder de la gratitud. Me recordó cuán importante es emplear mis palabras para dar gracias en vez de quejarme o murmurar. Al cabo de todos estos años en mi caminar con Dios, ¡Él aún continua obrando con mi boca!

Dios me ha llamado para enseñar su Palabra, por lo que es importante que mi boca no sea una fuente de donde sale agua dulce y amarga (Santiago 3:11). Independientemente del llamado que Dios tenga para su vida, lo más probable es que implique el uso de la palabra de algún modo. Incluso si no es llamado a hablar en público, muy de seguro usará su boca como el medio principal de comunicación con otros. El inadecuado uso de sus palabras puede causar confusión, heridas y malentendidos. En cambio, si usa palabras de bien, puede llevar esperanza, aliento, sabiduría y vida a cualquier relación o situación en la que se encuentre.

Dios puede obrar con usted sobre su forma de hablar, al igual que lo hizo conmigo. ¿Es su boca salva? Si necesita progresar con respecto a ser más responsable con sus palabras, pídale ayuda a Dios y comience ahora mismo a dar los primeros pasos. Dios lo ayudará a dejar atrás todo tipo de lenguaje grosero u obsceno, que pudo haber sido parte de su vida antes de ser salvo, y obrará en usted cuando su forma de hablar no sea acorde con su Palabra.

Aprenderemos a hablar palabras de fe y no de temor; palabras de confianza en lugar de duda. Aprenderemos a hablar palabras que contengan el poder de Dios y que sean conformes con su voluntad. Si hablamos en conformidad con su Palabra, nuestras palabras se basarán en sus promesas, las cuales implican hablar a otras palabras de amor y de aliento; y palabras de sanidad, fuerza, provisión, protección, abundancia, confianza en Él y esperanza para el futuro, entre otras muchas buenas cosas.

CAPÍTULO 7

Dios limpia los labios inmundos

Los profetas—Isaías, Jeremías, Oseas, Ezequiel, Jonás, entre otros—fueron portavoces de Dios. Fueron llamados a declarar las palabras dadas por Dios a otras personas, situaciones, ciudades, huesos secos, montañas o a quien Dios les haya ordenado hablar. A fin de cumplir con las misiones ordenadas por Dios, estos tenían que estar sujetos al Señor. No solo sus corazones y mentes debían estar en sumisión, sino que también sus bocas debían pertenecerles a Él.

Dios aún usa a personas entregadas a Él para hablarles a otros. Estos pueden ser mensajes de extrema importancia, con la facultad de cambiar el curso de una nación, una iglesia, un negocio o una familia; también pueden ser palabras simples de aliento, sabiduría, conocimiento, confirmación o incluso dirección. La Palabra de Dios dice: «Manzana de oro con figuras de plata Es la palabra dicha como conviene» (Proverbios 25:11).

Hay quienes son llamados a enseñar la Palabra de Dios y predicar a grandes audiencias, mientras que otros tienen un don para compartir las verdades de la Escritura con sus amigos o colegas. El tamaño de la audiencia no es lo importante, sino aprender a ser fieles a lo que Dios nos haya encomendado hacer y ser obedientes a su dirección. Cualquiera que fueren las palabras que Él nos llame a declarar, queremos estar preparados para declararlas. Dios puede usar a diario a cada uno de nosotros para compartir palabras que lleven bendición a otros.

Dios habló con poder a través del profeta Isaías, pero primeramente fue necesario que obrara con su boca. Sé que Dios debía limpiar mi boca antes de que pudiera usarme, y quizás Dios quiera usarlo de una forma más grande, ¡pero primeramente Él debe limpiar sus labios! Cuando Dios llamó a Isaías, le dio una visión extraordinaria. Isaías vio al Señor sentado sobre un trono y escuchó a los ángeles que cantaban: «Santo, santo, santo, Jehová de los ejércitos; toda la tierra está llena de su gloria» (Isaías 6:3).

Isaías respondió y dijo: «¡Ay de mí! que soy muerto; porque siendo hombre inmundo de labios, y habitando en medio de pueblo que tiene labios inmundos, han visto mis ojos al Rey, Jehová de los ejércitos» (Isaías 6:5). Me resulta interesante que cuando Isaías estaba en la presencia de Dios, lo primero que notó fue que tenía labios inmundos.

Vea qué sucedió a continuación:

Y voló hacia mí uno de los serafines, teniendo en su mano un carbón encendido, tomado del altar con unas tenazas; y tocando con él sobre mi boca, dijo: He aquí que esto tocó tus labios, y es quitada tu culpa, y limpio tu pecado.

Isaías 6:6–7

Después de que el ángel tocó la boca de Isaías, Dios mismo le habló con una pregunta: «¿A quién enviaré, y quién irá por nosotros?». Isaías respondió: «Heme aquí, envíame a mí» (Isaías 6:8). Luego Dios dio a Isaías algunas instrucciones: «Anda, y di a este pueblo...» (Isaías 6:9).

El llamado de Dios a Isaías constituye un ejemplo excelente para demostrar que Dios por lo general necesita limpiar a las personas antes de que pueda usarlas. Quisiera que reflexionara sobre la progresión de este relato: Isaías tiene una visión de Dios e inmediatamente cuando lo reconoce, también se percata de que es un hombre de labios inmundos. Tan pronto como reconoce y admite su pecado, Dios limpia su boca y quita su pecado. Después, Dios pregunta a quién enviaría a una misión e Isaías responde: «Heme aquí, envíame a mí», y Dios le dice que vaya y hable a ese pueblo sus palabras.

Encuentro este relato fascinante, quizás porque fui llamada a enseñar la Palabra y he transitado un proceso similar en lo personal.

Todos hemos nacido con una naturaleza pecaminosa, y aunque seamos nuevas criaturas por medio de la salvación, todavía nos es necesario despojarnos del viejo hombre y vestirnos del nuevo hombre (Efesios 4:22-24).

Vemos en Isaías 6:1-9, que cuando estamos ante la presencia de Dios, Él obra en nosotros. En el caso de Isaías, él mismo se dio cuenta y admitió que era un hombre inmundo de labios. Creo que el clamor de su corazón era cambiar y limpiar sus labios, entonces Dios le envió ayuda.

Independientemente de cuál sea nuestro pecado, si tenemos labios inmundos como Isaías, una boca temerosa como Jeremías (la cual analizaremos en el próximo capítulo) u alguna otra cuestión, Dios siempre está presto para perdonarnos. 1 Juan 1:9 dice:

Si confesamos nuestros pecados, Él es fiel y justo para perdonar nuestros pecados, y limpiarnos de toda maldad.

1 Juan 1:9 es un ejemplo del Nuevo Testamento sobre lo que Dios hizo por Isaías en el Antiguo Testamento. Él perdonó y lavó el pecado de Isaías y limpió sus labios, así como prometió que si confesamos nuestros pecados, es fiel para perdonarnos y «limpiarnos de toda maldad».

Isaías tenía un corazón dispuesto a Dios a pesar

de que sus acciones eran imperfectas. Dios siempre busca a hombres y mujeres cuyos corazones estén dispuestos y no a personas cuyas acciones parezcan perfectas o a quienes aparentan hacer todo bien. Cuando Dios sabe que tiene un corazón leal a Él, también sabe que puede obrar en la vida de esa persona a fin de transformar sus pensamientos, sus palabras y su comportamiento.

2 Timoteo 2:21 dice: «Así que, si alguno se limpia de estas cosas, será instrumento para honra, santificado, útil al Señor, y dispuesto para toda buena obra».

Esta verdad debería ser un gran estímulo para aquellos de nosotros que anhelamos que Dios nos use, pero sentimos que tenemos muchos defectos. Como solemos decir: «Dios usa vasijas de barro». Todo lo que debemos hacer es acercarnos tal cual somos, con un corazón dispuesto y humilde, a fin de que Él pueda moldearnos y convertirnos en personas que pueda usar, tal como hizo con Isaías.

CAPÍTULO 8

Preparación para grandes cosas

Es necesario permitirle a Dios que obre en nosotros en cuanto a nuestra manera de hablar si deseamos que Él nos use, tal como lo hizo Isaías. Necesitamos que Dios nos enseñe a hablar de una manera diferente de la que solíamos hacerlo, a fin de que nuestras palabras se alineen con sus palabras, sus pensamientos y su carácter.

En el presente capítulo, quisiera hacer referencia al profeta Jeremías. Al igual que Isaías, también profetizó de una forma poderosa.

Dios no habló a través de Jeremías hasta después de haber tratado con su boca. Del mismo modo en que Isaías y Jeremías tuvieron que atravesar un proceso de corrección y preparación para hablar lo que Dios les había encomendado, también nosotros tenemos que aprender la forma en la que Dios quiere que hablemos. Estos dos hombres luchaban con dificultades que hasta el día de hoy son comunes para muchos cristianos. Como leyó en el capítulo anterior, Isaías tenía labios inmundos; y verá en el presente capítulo, que Jeremías tenía una boca temerosa. Creo que muchos de nosotros pueden identificarse con alguno de estos hombres o ambos. Al ver cómo Dios transformó sus maneras de hablar, podemos aprender lecciones importantes sobre cómo manejar nuestras propias palabras.

Quisiera que pudiera leer con atención el siguiente pasaje de la Palabra de Dios, ya que le brindará los conocimientos necesarios para comprender por qué Dios tenía que obrar con la boca de Jeremías antes de que pudiera usarlo.

> *Vino, pues, palabra de Jehová a mí, diciendo: Antes que te formase en el vientre te conocí, y antes que nacieses te santifiqué, te di por profeta a las naciones.*
>
> *Y yo dije: ¡Ah! ¡ah, Señor Jehová! He aquí, no sé hablar, porque soy niño.*
>
> *Y me dijo Jehová: No digas: Soy un niño; porque a todo lo que te envíe irás tú, y dirás todo lo que te mande.*
>
> *No temas delante de ellos, porque contigo estoy para librarte, dice Jehová. Y extendió Jehová su mano y tocó mi boca, y me dijo Jehová: He aquí he puesto mis palabras en tu boca. Mira que te he puesto en este día sobre naciones y sobre reinos, para arrancar y para destruir, para arruinar y para derribar, para edificar y para plantar.*
>
> Jeremías 1:4–10

Inmediatamente después de que Dios llamó a Jeremías para ser un «profeta a las naciones» (Jeremías

1:5), Jeremías comenzó a decir cosas que Dios *no* le había dicho que dijese. Por medio de su Palabra, Dios afirmó su llamado a Jeremías y su confianza en él. No obstante, tan pronto como terminó de hablar, Jeremías empezó a confesar sus dudas y debilidades a causa de su corta edad (Jeremías 1:6). Dios tuvo que enderezar la boca temerosa de Jeremías, antes de que pudiera usarlo. Eso fue parte del proceso de preparación de Dios para la vida de Jeremías, y Él nos preparará de manera similar para hablar en su nombre.

Debemos entender que cuando Dios nos llama para hacer algo, no tenemos que decir que no somos capaces. Si Dios dice que podemos, ¡entonces podemos! A menudo hablamos sobre nuestras inseguridades o verbalizamos lo que otros han dicho acerca de nosotros o lo que el enemigo ha puesto en nuestras mentes. Es necesario que tomemos otra actitud y comencemos a declarar aquellas cosas que Dios dice en su Palabra acerca de nosotros.

Jesús hace una declaración importante en Juan 8:28 y 12:50 sobre las palabras que Él habla, que podemos parafrasear de este modo: «No hablo mis propias palabras, sino las de aquel que me envió. Solo hablo lo que he escuchado decir a mi Padre».

Dios nos está llamando a un nivel más alto. Nos desafía a ya no hablar nuestras propias palabras sino sus palabras, porque desea usarnos para sus propósitos. Nadie puede ser usado por Dios sin ser antes preparado. Eso significa que Dios debe obrar en nosotros; por lo tanto, debemos permitirle que Él haga lo que tenga que hacer *en* nosotros, a fin de que Él pueda obrar *a través* de nosotros.

Algunas personas son creyentes recién convertidos, y Dios está comenzando a hacer su obra en ellos. Otros han caminado con el Señor por años y ahora es tiempo de hacer algunos reajustes, a fin de llevar sus vidas a un próximo nivel.

Independientemente de dónde estamos en nuestro caminar espiritual, creo que Dios nos está llamando a todos a un nuevo lugar, y cada vez que avanzamos a un nuevo nivel de bendición y somos usados por Dios, enfrentamos nuevas oposiciones. Jeremías hablaba de una forma antes de ser llamado por Dios, pero una vez que recibió la nueva misión de Dios, su manera de hablar cambió; de lo contrario, hubiese tenido dificultades al llevar a cabo el plan de Dios para su vida.

Las palabras inapropiadas pueden abrir puertas al enemigo. No debemos dejarle al enemigo ni siquiera una pequeña hendidura, ¡mucho menos una puerta abierta! Una de las maneras para no dar lugar a que esto acontezca es ser cuidadosos con nuestras palabras.

Dios pretendía usar a Jeremías para profetizar a su pueblo palabras poderosas que los convencería de pecado y les daría la victoria de Dios y la derrota de sus enemigos. En vez de abrirle la puerta al enemigo, Dios quiere que proclamemos palabras de poder que irrumpan en el reino de las tinieblas.

Dios desea usarnos, y estamos en un tiempo en donde Él está obrando en personas para que dejen atrás sus actitudes de niños y se conviertan en hombres y mujeres fuertes de Dios. El apóstol Pablo decía que cuando era niño, hablaba como niño, pensaba como niño y juzgaba como niño; pero cuando ya fue un hombre, dejó lo que era de niño (1 Corintios 13:11). Creo que esta también debería ser nuestra actitud. Es tiempo de que dejemos de comportarnos como niños, lo cual significa que ya no podemos decir más lo que se nos plazca; sino debemos tomar consciencia del poder de nuestras palabras y ser responsables por las mismas.

Una vez que Dios obró en la forma de hablar de Jeremías, lo usó de una forma poderosa. De hecho, Dios habló a través de las palabras de Jeremías una cita que ha animado a millones de creyentes a lo largo de los años y llevado esperanza a personas que fueron tentadas a rendirse. Oro para que hoy sea de bendición para usted: «Porque yo sé los pensamientos que tengo acerca de vosotros, dice Jehová, pensamientos de paz, y no de mal, para daros el fin que esperáis» (Jeremías 29:11). ¡Esto nos da confianza para el futuro!

Si está luchando con temores, como una vez lo hizo Jeremías, y se encuentra hablando palabras llenas de dudas, recuerde que Dios fue fiel con Jeremías. Dios obró con su vida al punto de que pudo encomendarle que escribiera las palabras recién mencionadas, las cuales han cambiado las vidas por generaciones. De igual modo, Él también será fiel para completar su obra en usted y prepararlo para grandes cosas conforme a su voluntad.

PARTE 3

LAS PALABRAS CORRECTAS LO AYUDARÁN A ATRAVESAR LAS PRUEBAS

CAPÍTULO 9

Cruce al otro lado

Algunos de los momentos más difíciles para disciplinar nuestros pensamientos y nuestras palabras son cuando nos enfrentamos a las tormentas de la vida: los desafíos más importantes; los problemas graves; los momentos cuando estamos más temerosos, heridos, decepcionados o confundidos; cuando nos sentimos amenazados o hemos experimentado algún tipo de pérdida. Todos atravesamos tormentas en distintos grados para que nuestra fe sea probada y aprendamos a vivir—así como también a usar nuestros pensamientos y palabras para nuestro beneficio—en medio de la tormenta.

Siempre me he sentido intrigada por escrituras tales como Juan 14:30 e Isaías 53:7; pero no lograba comprender el mensaje que transmitían hasta que el Espíritu Santo me reveló que las mismas se encuentran relacionadas con nuestras bocas y con las tormentas que enfrentamos en la vida. La primera escritura son palabras de Jesús; la segunda constituye una palabra profética del Antiguo Testamento acerca de Jesús:

No hablaré ya mucho con vosotros; porque viene el
príncipe de este mundo, y él nada tiene en mí.

Juan 14:30

Angustiado él, y afligido, no abrió su boca; como cor-
dero fue llevado al matadero; y como oveja delante
de sus trasquiladores, enmudeció, y no abrió su boca.

Isaías 53:7

Vemos en Isaías 53:7 que cuando Jesús se encontraba atravesando la prueba más intensa de su vida, Él
decidió que sería prudente no abrir su boca. ¿Por qué?
Creo que Él sabía que en su humanidad, sería tentado
a hablar del mismo modo en el que usted y yo hubiésemos hablado bajo tales condiciones de tanta tensión
(dudas, cuestionamientos a Dios, quejas o comentarios
negativos).

Cuando somos sometidos ante una situación de
presión extrema, aún el creyente más fuerte y maduro puede expresarse de una forma inadecuada, si
el nivel de tensión fuera abrumador y se prolongara
por demasiado tiempo.

Jesús es el Hijo de Dios, Dios mismo, pero se hizo
hombre. El autor de Hebreos dice en Hebreos 4:15
que «fue tentado en todo según nuestra semejanza,
pero sin pecado».

Creo que cuando Jesús tuvo que afrontar situaciones de pruebas en las que Él sabía que sería

tentado a decir cosas que no llevarían buen fruto, eligió no abrir su boca. Decidió de su voluntad a no decir nada en absoluto. Era capaz de permanecer callado cuando lo necesitaba.

Esta es una decisión sabia para todo aquel que se encuentre bajo momentos de estrés. En vez de hablar en virtud de nuestras emociones, que pueden estar alteradas o heridas, tenemos la inteligencia para dejar que nuestras emociones mengüen antes de abrir nuestras bocas. De esta forma, evitaremos decir cosas que pueden no honrar a Dios o no expresar nuestra fe y confianza en Él, y no dar lugar a la negatividad con nuestras palabras.

Un día, Jesús y sus discípulos atravesaban una tormenta feroz en el mar de Galilea. Fue una tormenta natural, pero podemos aprender de este relato algunas lecciones sobre cómo enfrentar las tormentas de la vida. La travesía por del mar comenzó cuando Jesús les dijo «Pasemos al otro lado» (Marcos 4:35). Para mí, esta oración es como si Jesús le dijera: «Tengo algo nuevo y más grande para tu vida»; o «Experimente una nueva bendición»; o «El ascenso está en camino» o cualquier otra frase que el Señor pudiera utilizar para hacernos saber que un cambio se aproxima. Estoy segura de que los discípulos estaban expectantes por descubrir con qué se encontrarían «al otro lado». Posiblemente, no esperaban enfrentar una gran tempestad. De seguro, ya ha notado que no todas las tormentas en su vida están en el pronóstico.

Marcos 4:37-38 describe qué sucedió en la travesía: «Pero se levantó una gran tempestad de viento, y echaba las olas en la barca, de tal manera que ya se anegaba. Y él estaba en la popa, durmiendo sobre un cabezal; y le despertaron, y le dijeron: Maestro, ¿no tienes cuidado que perecemos?».

Los discípulos no se encontraban tan entusiasmados en el medio del mar, como lo habían estado al comienzo.

Cuando Dios nos llama para embarcarnos en algo nuevo, por lo general, no nos hace saber qué sucederá en el camino. Dejamos atrás nuestras seguridades y avanzamos hacia las bendiciones al otro lado, pero a la mitad del trayecto, solemos encontrarnos con las tormentas. La mitad del camino es un lugar de prueba.

La tormenta golpeaba con toda fuerza, ¡y Jesús estaba durmiendo! ¿Le suena familiar? ¿Alguna vez ha tenido momentos cuando sintió que se estaba hundiendo y que Jesús dormía? Oraba sin cesar, pero no escuchaba la voz de Dios. Pasaba tiempo con Él y trataba de sentir su presencia; sin embargo, no sentía nada. Buscaba respuestas, pero no importaba cuánto luchaba en contra de los vientos y de las olas, la tempestad se embravecía y usted no sabía qué más hacer.

La tormenta que enfrentaron los discípulos no fue

una ligera tormenta de verano, sino una tormenta «con proporciones de huracán». Las olas rápidamente llenaron la barca y los discípulos estaban en verdad atemorizados, como lo hubiese estado cualquiera.

En momentos como estos, cuando nuestras barcas parecieran estar hundiéndose con nosotros dentro, debemos poner en práctica nuestra fe. Podemos hablar acerca de la fe, leer sobre ella, escuchar sermones o cantar sobre la fe; pero en el medio de la tempestad, debemos aprender a usarla. Asimismo, en circunstancias similares, descubrimos cuánta fe realmente tenemos.

La fe, al igual que un músculo, se debe ejercitar. Cada tormenta que atravesamos nos equipa para que enfrentemos de mejor manera una próxima. Pronto, nos convertiremos en tan buenos navegantes que las tormentas ya no nos perturbarán. Habremos pasado por las mismas y conocemos cómo terminan: todo estará bien. Una vez que creamos esta verdad, podremos decir confiadamente que llegaremos al otro lado.

CAPÍTULO 10

Dígaselo a sí mismo

Las palabras tienen tanto poder cuando habla con otras personas, como cuando habla con usted mismo, especialmente, cuando se encuentra atravesando un momento difícil. A veces, existen ciertas cosas que necesita en verdad escuchar, pero nadie a su alrededor se las dice. ¿Qué hace cuando eso sucede? Dígaselas a usted mismo.

Uno de los mejores ejemplos bíblicos se encuentra en 1 Samuel 30:6, cuando David necesitaba aliento: «Y David se angustió mucho, porque el pueblo hablaba de apedrearlo, pues todo el pueblo estaba en amargura de alma, cada uno por sus hijos y por sus hijas; mas David se fortaleció en Jehová su Dios».

Ciertamente, me identifico con la situación de David y estoy segura de que usted también. Todos tuvimos momentos cuando las personas que nos rodeaban solo nos decían cosas negativas, y sus palabras nos hacían sentir peor de lo que ya estábamos. También pudimos haber atravesado momentos cuando no podíamos hablar con nadie sobre ciertas circunstancias específicas como hubiésemos querido y, por lo tanto, nos sentimos solos. Nadie sabía de nuestros problemas, así que nadie podía animarnos.

Otras veces, quizás no hayamos tenido a muchas personas a nuestro alrededor que realmente comprendieran lo que estábamos atravesando; por lo tanto, nadie se daba cuenta de lo mucho que necesitábamos ser fortalecidos. En cierta forma, también me siento identificada. En mi ministerio, especialmente en sus inicios, hubo muchas veces cuando me sentí tan desanimada y deprimida que solo pensaba en dejar todo y renunciar. Parecía que no había nadie que me animara de la forma específica que necesitaba.

Gálatas 6:9 dice: «No nos cansemos, pues, de hacer bien». Debido a tanto trabajo, estudio y preparación; la crianza de los niños; además del esfuerzo por establecer con excelencia los fundamentos para el nuevo ministerio y de pensar en un sinnúmero de decisiones que debían tomarse, me encontraba exhausta a nivel físico, mental y emocional.

Realmente necesitaba y quería que alguien me levantara en fe en aquel momento, pero no sentía que nadie entendiera verdaderamente por lo que estaba atravesando. Por momentos, me enojaba porque no había nadie que me animara y acabé pensando sobre todo el esfuerzo que estaba realizando por los demás, mientras que los demás hacían tan poco por mí. Me estaba hundiendo en un hoyo de resentimiento, y ese es un lugar peligroso para estar. Nadie tenía la culpa de cómo me sentía y no valía la pena buscar culpables. Sus palabras de ánimo hubieran sido reconfortantes, pero ahora miro hacia atrás y me doy cuenta de que era Dios quien quería que confiara plenamente en Él y que acudiera a Él en mi necesidad.

¿Alguna vez se sintió de este modo? ¿Sabe qué produce esa clase de pensamientos? Llenan el alma de amargura y resentimiento; y cuando nuestra alma está llena de negatividad, entonces de nuestra boca saldrá palabras amargas y resentidas. Esta no es la manera en la que el Señor quiere que respondamos ante las situaciones que provocan en nosotros presión, desánimo y agotamiento. Dios desea que encontremos en Él las fuerzas y el ánimo que necesitamos.

Finalmente, aprendí a ir a Dios. Me di cuenta de que si me acerco a Dios en oración con reverencia y humildad, y uso mis palabras para hablar con Él; en vez de estar enojada o con resentimiento y usar mis palabras para quejarme, las cosas me irían mejor. Cuando aprendí a decir: «Señor, necesito ser fortalecida y confío en que tú me levantarás conforme a tu voluntad»; entonces, comencé a recibir tarjetas, llamadas telefónicas, flores y otros presentes como muestras de apoyo. De hecho, parecía que las personas se esforzaban por hablarme palabras positivas y de apoyo.

No obstante, cada vez que se levantaban en mi corazón el resentimiento y la queja a causa de la falta de apoyo en mi vida, solo lograba que las cosas empeoraran.

Ahora mismo, quizás esté sintiendo que nadie se preocupa por usted o que nadie lo aprecia. Le ruego que intente no tomárselo tan personal. Es posible que las personas simplemente no comprendan su necesidad, o quizás estén demasiado ocupadas o presionadas ahora mismo, o se sientan consumidas a raíz de alguna situación familiar que les requiere de toda sus energías. Quizás no hayan recibido demasiadas palabras de aliento en sus vidas, por lo que no piensan en hablarles a otros; o, y lamentablemente esto sí sucede, son demasiado egocéntricas y realmente desconocen el aprecio por el prójimo. Pero, si usted da lugar a la amargura y al resentimiento o habla en forma negativa (incluso consigo mismo) sobre las personas que desea que lo animen, es muy probable de que nunca reciba lo que espera. De hecho, la amargura y el resentimiento lo carcomerán y terminará destruyendo su relación con tales personas.

No obstante, si lleva sus cargas al Señor, Él lo oirá, lo ayudará y le enviará a la persona o las personas indicadas para que lo levanten, lo apoyen y le sean de edificación. Así que lo primero que debe hacer cuando necesita ser fortalecido es orar.

En segundo lugar, debe sembrar palabras de

ánimo. No espere cómodamente a que alguien se le acerque, sino comience usted a animar a otras personas. Desde ya, no se niegue a hablarle a quien lo necesite, simplemente porque no lo hacen con usted. Salga de su comodidad y dé a otras personas lo que a usted le gustaría recibir y pronto cosechará palabras de ánimo para su vida.

En tercer lugar, cuando necesite nuevas fuerzas, debe imitar al rey David y fortalecerse a sí mismo. Si se encuentra trabajando arduamente en algo que sabe que Dios se lo encomendó, aún si por momentos fuese difícil, recuerde que fue Dios mismo quien lo llamó. Dígase a sí mismo: «Dios me llamó para hacer esto; y aunque ahora me veo desafiado, Dios está conmigo. Él me ayudará a hacer lo que me ha encomendado, porque es fiel a su Palabra y será fiel para completar su obra».

Asimismo, recuerde las muchas verdades en la Palabra de Dios. Dígase a usted mismo cuánto Dios lo ama. Háblele a su propia alma y dígale que espere en Dios. Repita una y otra vez que Dios es quien lucha sus batallas y lo lleva siempre en triunfo (1 Samuel 17:47; 2 Corintios 2:14). Al final de este libro, encontrará varias escrituras que podrá usar para darse ánimo. Si medita en ellas y las confiesa con su boca, disiparán todo desánimo que pueda sentir y lo llenarán de valor, confianza y fe.

Nunca olvidemos cuán poderosas son nuestras propias palabras en nuestras vidas. Siempre traiga a memoria Proverbios 18:21. Sé que lo he mencionado varias veces en este libro, pero cabe reiterarlo aquí: «La muerte y la vida están en poder de la lengua, y el que la ama comerá de sus frutos».

Cuando pensamos sobre el poder de la lengua, podemos imaginarnos como con una fuerza poderosa—como el fuego, la electricidad o la energía nuclear—que sale de nuestra boca. Este poder puede producir vida o muerte, dependiendo de cómo se use. Con este poder, tenemos la capacidad para hacer el bien o para hacer el mal, para bendecir o para maldecir. Podemos usarlo para producir muerte o destrucción o para producir vida y salud. Podemos declarar enfermedad, contienda, amargura y toda clase de cosas negativas; o podemos declarar sanidad, armonía, paz, aliento y toda clase de cosas positivas. Esto aplica para otros como para nosotros mismos.

Cuando se sienta triste o desanimado, recuerde el poder tremendo que tiene su propia lengua y úselo para su beneficio.

CAPÍTULO 11

Tenga fe y declare la Palabra de Dios

Romanos 8:37 dice que somos más que vencedores. Es decir, sabemos quién ganará la batalla aun antes de que comience. Cuando Dios nos llama a un lugar nuevo, podemos estar confiados de que llegaremos, aún si tenemos que enfrentar una tormenta en medio del camino. A fin de llegar a nuestro objetivo, a veces tendremos que atravesar tempestades, pero sabemos que en Cristo somos más que vencedores.

La fe es para la mitad del camino. Comenzar algo nuevo no requiere de una fe tremenda; tampoco llegar a la línea de meta cuando el final está a la vista. Tanto el comienzo como el final son excitantes, pero el tramo del medio puede ser difícil. No obstante, todos debemos atravesarlo para pasar al otro lado.

Cuando los discípulos eran echados de un lado a otro de la barca en el mar embravecido, Jesús quería que creyeran lo que les había dicho. Vimos en el capítulo 9 que Él les dijo: «Pasemos al otro lado». Jesús esperaba que creyeran que si Él lo había dicho, se cumpliría. Pero, como suele suceder con nosotros, se atemorizaron cuando se encontraban en medio de la tormenta.

Jesús calmó la tempestad, pero reprendió a los discípulos por su falta de fe (vea Marcos 4:39–40). De este relato, podemos aprender que es necesario que desarrollemos nuestra fe y que avancemos en medio de las tormentas de la vida para llegar al otro lado. Debemos perfeccionarnos en nuestra forma de responder ante los desafíos y podemos comenzar por disciplinar nuestra lengua. En las pruebas de la vida, tenemos que declarar la Palabra de Dios y resistir la tentación de hablar sobre nuestras inseguridades y temores. Como creyentes, tenemos la certeza de que ante cualquier dificultad en la vida, Dios nos llevará al otro lado, y nuestras palabras se deben alinear con su verdad.

El Salmo 119:1 dice: «Bienaventurados los perfectos de camino, Los que andan en la ley de Jehová».

Tenemos que «ordenar» nuestras conversaciones conforme a la voluntad de Dios. Cuando se presenten las pruebas, trate de no mirar solamente el lugar en donde está en ese momento o lo que sucede allí mismo; en cambio, vea su circunstancia a través de los ojos de la fe. Ha dejado atrás la orilla y quizás se encuentre en el medio de un mar embravecido, pero de seguro cruzará al otro lado. Hay bendiciones que recibirá al cruzar, así que no se dé por vencido y comience a declarar la Palabra de Dios. En vez de decir: «Nunca voy a lograrlo», declare «La victoria me ha sido dada».

Muchas personas se desaniman y retroceden

durante las tribulaciones, y en parte se debe a que nunca han aprendido qué decir en medio de la tormenta. Nunca han aprendido cómo usar sus palabras para su propio bien en el camino de la vida.

Las tribulaciones ya son desalentadoras en sí mismas; no necesitamos, para colmo de males, deprimirnos o agregar más desánimo con nuestras declaraciones negativas, a una situación que pareciera perdida.

Por lo general, cuando atravesamos por tribulaciones, en especial aquellas que son prolongadas, nos sentimos frustrados y sin saber qué hacer. He aprendido que cuando no sé qué hacer, lo mejor es continuar haciendo lo que sí sé. Quizás no sepa cómo resolver mi problema actual, pero sí sé cómo orar, cómo ser agradecido por lo que tengo, cómo ser de bendición para otros, cómo cumplir con mis compromisos, cómo estudiar la Palabra de Dios, entre otras cosas.

Deuteronomio 26:14 nos brinda un buen ejemplo sobre la manera en que funcionan las emociones humanas y cómo trabaja el enemigo cuando nos encontramos atravesando las tormentas de la vida. En este versículo, se les ordena a los israelitas a presentar sus diezmos al Señor y a decir delante de Jehová: «No he comido de ello en mi luto...».

A veces, cuando las personas están de luto o enfrentando grandes desafíos, comienzan a «comerse» sus propios diezmos (le niegan a Dios lo que le pertenece a Él), en vez de dárselos al Señor y, de ese modo, retroceden en sus diezmos y ofrendas. ¿Por qué? Porque ser obedientes a Dios en tiempos de prueba es más difícil que cuando las cosas van bien.

En este ejemplo sobre diezmos, el enemigo se acerca a quien está desesperanzado y le susurra: «Este asunto de los diezmos no está funcionando, así que será mejor que retenga su dinero, en vez de entregarlo». Entonces, usted responde: «Es cierto, no funciona. Más vale que use mi dinero para afrontar mis necesidades porque nadie más me está apoyando».

Creo que el principio que este pasaje nos enseña sobre los diezmos, también aplica para muchas otras áreas, inclusive para la forma en que usamos nuestras palabras. Por lo general, en tiempos de pruebas, nos sentimos tentados a escuchar las mentiras del enemigo y repetimos sus palabras, en vez de permanecer y declarar las palabras de Dios. El enemigo no quiere que crucemos al otro lado en medio de nuestras dificultades. De hecho, no quiere que progresemos en absoluto. Estará atento para susurrar a nuestro oído palabras de desánimo; y si les prestamos atención, en vez de reconocer que son mentiras del enemigo y resistirlas, comenzarán a influenciar nuestras vidas.

Jesús hizo una observación similar en la parábola del sembrador en Marcos 4. En esta historia, las superficies en donde caen las semillas representan los

diferentes tipos de corazones que reciben la Palabra de
Dios. En Marcos 4:17, Jesús comentó qué tipo de persona representa la semilla que fue sembrada en pedre-
gales: «Pero no tienen raíz en sí, sino que son de corta
duración, porque cuando viene la tribulación o la per-
secución por causa de la palabra, luego tropiezan».

Jesús reconoció que las personas tropiezan o se
debilitan en su fe en tiempos de aflicción. En Juan
16:33, Jesús nos dice:

> Estas cosas os he hablado para que en mí tengáis paz.
> En el mundo tendréis aflicción; pero confiad, yo he
> vencido al mundo.

¡Estas son las palabras que debe recordar y declarar!

CAPÍTULO 12

Domine su lengua

Santiago 3:10–11 dice: «De una misma boca proceden bendición y maldición. Hermanos míos, esto no debe ser así. ¿Acaso alguna fuente echa por una misma abertura agua dulce y amarga?».

Estos versículos nos animan a erradicar el «doble discurso», el cual significa hablar de cierta forma cuando las cosas van bien y de otra cuando sobrevienen momentos difíciles. Si conoce a alguien que hable con confianza y entusiasmo al comienzo de una situación y, luego, comience a decir palabras negativas y dubitativas al enfrentar una tormenta en medio del camino, entonces sabrá qué es el doble discurso. Como cristianos, debemos hablar palabras dulces, no solo en tiempos buenos, sino también durante aquellos períodos de dificultad cuando somos tentados a pronunciar palabras amargas. No siempre es sencillo disciplinar nuestra forma de hablar en este sentido, pero es de gran importancia. Como nos instruye la Palabra de Dios, podemos y debemos *ordenar* nuestras acciones y conversaciones en conformidad con la voluntad de Dios.

Jesús, hecho hombre, fue sometido a las mismas

presiones y tentaciones que nosotros; no obstante, no era inconstante en sus emociones ni tenía un doble discurso. De acuerdo con Hebreos 13:8, Él no cambia y permanece para siempre: «Jesucristo es el mismo ayer, y hoy, y por los siglos». Estoy convencida de que Él tuvo que disciplinar su lengua en medio de las tormentas, y nosotros debemos ser imitadores de Él. Este tipo de dominio sobre nuestra lengua es un signo de madurez espiritual y una manera de glorificar a Dios.

Santiago 1:26 nos enseña que no importa cuántas buenas obras hagamos, en vano son si no podemos dominar nuestra lengua: «Si alguno se cree religioso entre vosotros, y no refrena su lengua, sino que engaña su corazón, la religión del tal es vana».

Como puede apreciar, Santiago hace una declaración poderosa. Afirma que podemos ejecutar toda clase de buenas obras que podrían atribuirse a nuestras convicciones religiosas, pero si no «refrenamos» nuestra lengua (es decir, disciplinar nuestra boca) aquellas buenas obras son en vano. Esta clase de advertencia por parte de la Escritura debería hacernos tomar aún más conciencia sobre nuestras palabras, cómo hablamos y cómo usamos nuestra boca.

Si alguna vez vio un freno en un caballo, sabrá que el freno es un arnés que va sobre la cabeza del caballo e incluye una parte que se fija dentro de la boca y que sujeta las riendas. El jinete tira o afloja las riendas para guiar o frenar al animal. «Refrenar la lengua» significa simplemente controlar nuestra boca.

Esta imagen no es una novedad para el Nuevo Testamento. Incluso en el Antiguo Testamento, el salmista entendió esta conexión: «No seáis como el caballo, o como el mulo, sin entendimiento, que han de ser sujetados con cabestro y con freno, porque si no, no se acercan a ti» (Salmo 32:9).

El caballo debe obedecer a los ajustes de la rienda, los cuales controlan el freno dentro de su boca o sentirá un gran dolor. Nuestra relación con el Espíritu Santo funciona de forma similar. Él es nuestra brida o freno en nuestra boca y es quien debe controlar las riendas de nuestras vidas. Si somos obedientes a la guía del Espíritu Santo, llegaremos al lugar correcto sin equivocarnos. Pero si no le seguimos, podemos llegar a atravesar por situaciones dolorosas. Especialmente cuando estamos en medio de una tormenta, si no refrenamos nuestra lengua, quizás nunca obtengamos la victoria que Dios tiene para nuestras vidas ni experimentemos la plenitud de sus propósitos. Por el contrario, si aceptamos ser guiados por el Espíritu Santo, Él actuará como un freno en nosotros, guiándonos a donde debamos ir y ayudándonos a decir las palabras apropiadas.

La imagen de un caballo y su freno tiene un gran poder cuando la aplicamos al dominio de nuestra lengua; pero Santiago utiliza otra comparación que también nos ayuda a comprender el impacto de nuestras palabras. En Santiago 3:3–5, compara la lengua con el timón de una nave:

> *He aquí nosotros ponemos freno en la boca de los caballos para que nos obedezcan, y dirigimos así todo su cuerpo. Mirad también las naves; aunque tan grandes, y llevadas de impetuosos vientos, son gobernadas con un muy pequeño timón por donde el que las gobierna quiere. Así también la lengua es un miembro pequeño, pero se jacta de grandes cosas. He aquí, ¡cuán grande bosque enciende un pequeño fuego!*

Este pasaje nos indica que la lengua dirige nuestras vidas, del mismo modo que las naves son gobernadas con un timón.

La lengua es un miembro tan pequeño del cuerpo, pero puede hacer grandes cosas. Sería maravilloso que todas esas cosas fueran para bien, pero no siempre lo son. La lengua puede destruir relaciones. De hecho, a veces las parejas se divorcian a causa de cosas que se dijeron mutuamente. Las palabras pueden resultar terriblemente hirientes y hay quienes nunca logran recuperarse de comentarios ofensivos que otros hicieron. La lengua quizás sea una parte pequeña del cuerpo, pero ¡cuán poderosa es! Recordemos que la muerte y la vida están en poder de la lengua.

A lo largo de los años, he tenido que aprender muchas lecciones sobre el poder de las palabras y tuve que disciplinar mi lengua. Cuando lo animo a que aprenda a dominar su lengua, no le estoy pidiendo que haga algo que yo no haya hecho. Cada día necesito la ayuda de Dios con mi boca y oro el Salmo 141:3: «Pon guarda a mi boca, oh Jehová; Guarda la puerta de mis labios».

Cuando oro las palabras de este versículo, invito al Espíritu Santo a que traiga convicción cuando hablo demasiado, cuando digo algo que no debí haber dicho, cuando hablo en forma negativa, cuando murmuro, cuando de mi boca salen palabras duras, cuando hablo palabras de duda y llenas de temor. Todas estas cosas se encuadran en la categoría de «comentarios hirientes» (1 Pedro 2:1, NTV) y ofenden a Dios.

Todo aquello que pueda ofender a Dios debe ser erradicado de nuestras conversaciones. Es por ello que necesitamos orar sin cesar el Salmo 141:3, para pedirle a Dios que ponga una guarda en nuestra boca y que guarde la puerta de nuestros labios.

Otra escritura que oro con regularidad es el Salmo 19:14: «Sean gratos los dichos de mi boca y la meditación de mi corazón delante de ti, Oh Jehová, roca mía, y redentor mío».

Una de las maneras más eficaces que conozco para hablar palabras llenas de poder es la oración, pedir a Dios por su gracia y ayuda. Santiago nos dice que ningún hombre puede domar la lengua (Santiago 3:8), y claramente sin la ayuda de Dios en esta área, fracasaremos por completo.

Permita que los Salmos 141:3 y 19:14 sean el clamor de su corazón con respecto a sus palabras. Si usted tiene un deseo sincero de que sus palabras se alineen con la Palabra de Dios y que su poder se manifieste en su vida, pronto verá los cambios esperados al pedirle a Él que guarde sus labios y que sus pensamientos y palabras sean aceptables a Él.

Por otra parte, quisiera compartir con usted una oración de compromiso para ejercer el control sobre su boca. Esta es una oración que ciertamente me ha ayudado y creo que lo ayudará a usted también:

Señor, te pido que me ayudes a ser sensible al Espíritu Santo en lo concerniente a todas mis conversaciones y a cada palabra que hablo. No quiero ser como un caballo o como un mulo sin entendimiento, que deben ser sujetados con cabestro y con freno para obedecer. Quiero moverme en la dirección en la cual tu Espíritu gentilmente me guie.

Durante las tormentas de la vida, cuando me encuentre pasando al otro lado, te ruego que me ayudes. Siempre necesito de tu ayuda, Señor; pero especialmente en los momentos de estrés y presión, cuando la tentación de pecar con mis palabras es más fuerte.

Pon guarda a mi boca y sean gratos mis dichos delate de ti, oh Señor, roca mía y redentor mío. En el nombre de Jesús te lo pido, amén.

CAPÍTULO 13

Hable como prisionero de esperanza

Todos nos enfrentamos a algún tipo de tormenta en algún punto de nuestras vidas. A lo largo de la Biblia, los hombres y mujeres enfrentaban las mismas clases de dificultades que usted y yo tenemos en la actualidad. La cultura en la que vivían era muy diferente a la sociedad moderna, por lo que algunos detalles son distintos; pero el impacto emocional de sus desafíos era tan intenso para ellos como lo es para nosotros.

En el presente capítulo, quisiera que veamos tres tormentas específicas que acontecieron en los tiempos bíblicos, una de ellas se encuentra en el Antiguo Testamento y las otras dos en el Nuevo Testamento, y aprendamos cómo debemos hablar durante los tiempos de aflicción.

Acompáñeme, primeramente, al relato de los huesos secos en Ezequiel 37:1–4:

La mano de Jehová vino sobre mí, y me llevó en el Espíritu de Jehová, y me puso en medio de un valle que estaba lleno de huesos. Y me hizo pasar cerca de ellos por todo en derredor; y he aquí que eran muchísimos sobre la faz del campo, y por cierto secos en gran manera. Y me dijo: Hijo de hombre, ¿vivirán estos huesos? Y dije: Señor Jehová, tú lo sabes.

Me dijo entonces: Profetiza sobre estos huesos, y diles: Huesos secos, oíd palabra de Jehová.

Quizás usted sienta que su vida no sea más que huesos muertos y secos. Quizás sus circunstancias estén tan muertas que usted siente que están en decadencia. Puede perder sus esperanzas, pero Dios tiene una salida.

Si continúa leyendo Ezequiel 37, verá que el profeta hizo como le fue mandado y vio a Dios revivir lo que estaba muerto y dar aliento y espíritu a una pila de huesos secos (vv. 5–10).

Puede suceder lo mismo con usted y conmigo, pero no ocurrirá a menos que aprenda a declarar la Palabra de Dios. La razón por la que los huesos secos revivieron fue porque Ezequiel les profetizó, como Dios le había mandado (vv. 7, 10). Si queremos ver el poder de Dios manifestado a través de nuestras palabras, no podemos seguir hablando palabras vanas ni permitir que nuestros labios digan lo que les plazca cuando estamos bajo presión. Por el contrario, debemos hablar lo que Dios nos diga que hablemos.

En el Evangelio según San Juan, el buen amigo de Jesús, Lázaro, estaba enfermo y sus hermanas le pidieron a Jesús que fuera a verlo:

*Estaba entonces enfermo uno llamado Lázaro, de
Betania, la aldea de María y de Marta su hermana.
(María, cuyo hermano Lázaro estaba enfermo, fue la
que ungió al Señor con perfume, y le enjugó los pies
con sus cabellos). Enviaron, pues, las hermanas para
decir a Jesús: Señor, he aquí el que amas está enfermo.*
                                          Juan 11:1-3

Juan 11 registra la historia completa de la enfermedad y finalmente la muerte de Lázaro. Para
cuando Jesús llegó a Judea, hacía ya cuatro días que
Lázaro estaba en el sepulcro. Marta, la hermana de
Lázaro, salió a encontrar a Jesús y le dijo: «Señor, si
hubieses estado aquí, mi hermano no habría muerto»
(Juan 11:21). Luego, su hermana María le dijo exactamente lo mismo: «Señor, si hubieses estado aquí, no
habría muerto mi hermano» (Juan 11:32).

Puedo identificarme con las hermanas y probablemente, usted también. A veces sentimos que Jesús
nos pudo haber ayudado si solo hubiese estado con
nosotros en cierta situación. Creemos que si tan solo
hubiera llegado antes, las cosas no estarían tan mal.
Por ejemplo, estoy segura de que los discípulos sin-
tieron que sus circunstancias habrían sido mejores
si Jesús no hubiese estado durmiendo en la popa de
la barca, cuando la tormenta parecía amenazar sus
vidas (vea Marcos 4:37-38).

En Juan 11:23–25, vemos la respuesta de Jesús a las palabras de desesperanza y desesperación de Marta y María:

Jesús le dijo: Tu hermano resucitará.

Marta le dijo: Yo sé que resucitará en la resurrección, en el día postrero.

Le dijo Jesús: Yo soy la resurrección y la vida; el que cree en mí, aunque esté muerto, vivirá.

Seguramente, ya conoce el resto de la historia: Jesús llamó a Lázaro a que saliera del sepulcro, un hombre que había estado muerto por cuatro días, y salió totalmente restaurado. Si Jesús tiene poder para resucitar a los muertos, puede también resucitar cualquier circunstancia.

Podemos ver de la experiencia de Ezequiel con los huesos secos y de la historia del Lázaro, que no importa cuán grave sea su situación, Dios abrirá un camino. Pero recuerde que existen principios espirituales que se deben respetar, a fin de que pueda ver la manifestación del poder milagroso de Dios. La historia de la mujer del flujo de sangre constituye un gran ejemplo de uno de estos principios:

Pero una mujer que desde hacía doce años padecía de flujo de sangre, y había sufrido mucho de muchos médicos, y gastado todo lo que tenía, y nada había aprovechado, antes le iba peor, cuando oyó hablar de Jesús, vino por detrás entre la multitud, y tocó su manto.

Marcos 5:25–27

La mujer del flujo de sangre había padecido el mismo problema por doce años. Había sufrido en gran manera y nadie la había podido ayudar.

Indudablemente, su corazón se había consumido por pensamientos de desesperanza. Debió haber pensado: «¿Qué sentido tiene ir a Jesús?». Sin embargo, siguió adelante, atravesó la multitud que rodeaba a Jesús y que le sofocaba. Tocó el borde de su manto, y el poder sanador de Jesús fluyó por ella y su cuerpo fue sano (Marcos 5:29–34 parafraseado).

No quisiera pasar por alto este punto de la historia en Marcos 5:28: «Porque decía: Si tocare tan solamente su manto, seré salva». ¿Puede notar la parte importante de su comentario? *Porque decía. Porque decía.* Y nunca cesó de *decir.*

No importaba cómo se sentía, no importaban los comentarios desalentadores de otras personas, a pesar de que había padecido el mismo problema por doce años y la multitud parecía imposible de atravesar, esta mujer obtuvo su milagro. Jesús le dijo que su fe la había hecho salva (vea Marcos 5:34). ¿De qué forma se manifestó su fe? Por medio de sus palabras.

A fin de que la fe cumpla su propósito, debe

ser activada; y una de las formas es a través de la declaración de nuestras palabras. Cada vez que enfrente algún tipo de problema, aún si es un problema con el que ha luchado por mucho tiempo, active su fe a través de sus palabras. Declare la Palabra de Dios una y otra vez.

Hemos analizado tres «historias de tormentas»: los huesos secos que cobraron vida, el hombre que estaba muerto y que fue resucitado y una enfermedad crónica incurable completamente restaurada. Estas tres tormentas eran imposibles de calmar o corregir para los hombre; pero para Dios todo es posible (vea Mateo 19:26).

Hace algunos años, junto con mi esposo Dave nos enfrentamos ante una tormenta, y el Espíritu Santo me llevó a una escritura que no había visto antes. Fue como si la hubiese escondido como a un tesoro, a la espera de poder revelarla en el momento que realmente la necesitara. Se encuentra en Zacarías 9:12 y dice: «Volveos a la fortaleza, oh prisioneros de esperanza; hoy también os anuncio que os restauraré el doble».

Como «prisioneros de esperanza», debemos ser llenos de esperanzas, debemos pensar con esperanza y hablar palabras de esperanza. La esperanza es el fundamento sobre el cual la fe es levantada.

Algunas personas tratan de tener fe después de

haber perdido toda esperanza, pero no funciona así. Rehúsese a perder las esperanzas, sin importar cuán secos los huesos parezcan, cuán muerta su situación pueda aparentar o por cuánto tiempo haya cargado con su problema.

Dios sigue siendo Dios, y Zacarías 9:12 nos enseña que si permanecemos positivos y nos volvemos «prisioneros de esperanza», Dios hará milagros en nosotros.

PARTE 4

PERMITA QUE SUS PALABRAS OBREN A SU FAVOR Y NO EN SU CONTRA

CAPÍTULO 14

Quéjese y permanecerá en derrota

Podemos usar nuestra boca para maldecir o para bendecir. Nuestras palabras pueden ayudarnos en la vida o herirnos. Una de las mejores decisiones que podemos tomar sobre nuestra boca es hablar palabras de alabanza y gratitud a Dios, sobre la cual me explayaré en el próximo capítulo. Por el contrario, lo peor que podemos hacer es quejarnos.

Creo que la queja es uno de los principales problemas entre los creyentes. Tanto se ha agravado que a veces le pedimos a Dios que nos dé algo y cuando responde nuestra oración, nos quejamos porque tenemos que ocuparnos de ese algo que nos dio. Debemos tratar la tentación de la queja al igual que una plaga, ya que tiene efectos similares en nuestras vidas. La queja nos debilita, mientras que dar alabanza y gratitud a Dios nos fortalece y nos da poder.

Muchas personas consideran que es normal quejarse cuando hay algo que nos disgusta o no disfrutamos; sin embargo, la Biblia dice claramente que la murmuración es un pecado. Jesús mismo dijo: «No murmuréis entre vosotros» (Juan 6:43); y el apóstol Pablo escribió: «Haced todo sin murmuraciones y contiendas» (Filipenses 2:14). Asimismo, en el Antiguo Testamento se encuentran varios pasajes relacionados con los peligros de la queja, en especial para los israelitas que se quejaban *mucho* (Éxodo 16:8; Números 11:1–4; 21:4–6; Salmo 106:25).

El apóstol Pablo escribió en Efesios 4:29: «Ninguna palabra corrompida salga de vuestra boca, sino la que sea buena para la necesaria edificación, a fin de dar gracia a los oyentes». La queja constituye una «palabra corrompida», y las conversaciones en donde la queja está explícita son construidas sobre palabras corrompidas, las cuales pueden causar a las personas muchas dificultades en sus vidas.

A esta altura del libro, ya sabe que las palabras son portadoras de poder. La queja y la murmuración tienen un poder destructivo. Estas destruyen el gozo del quejumbroso y también pueden afectar de forma negativa a quienes lo escuchan.

La murmuración y la queja son como contaminación verbal, y la contaminación puede terminar siendo tóxica. Podemos realmente intoxicar nuestro futuro al quejarnos sobre lo sucede ahora mismo en nuestras vidas. Cuando nos quejamos por nuestra circunstancia actual, permanecemos en ella; pero cuando alabamos a Dios en medio de la dificultad, Él nos da la victoria.

1 Corintios 10:9–11 es un pasaje acerca del poder negativo de la queja que le abrirá los ojos. El mismo

describe qué sucedió cuando el pueblo de Dios que quejaba en el desierto:

> Ni tentemos al Señor, como también algunos de ellos le tentaron, y perecieron por las serpientes. Ni murmuréis, como algunos de ellos murmuraron, y perecieron por el destructor. Y estas cosas les acontecieron como ejemplo, y están escritas para amonestarnos a nosotros, a quienes han alcanzado los fines de los siglos.

Cuando nos quejamos, Dios se lo toma personal porque considera que estamos hablando en contra de su bondad. Dios es bueno y quiere oír nuestra alabanza y gratitud por sus bondades, y que usemos nuestras palabras para compartirlas con otros. Cuando murmuramos y nos quejamos, estamos haciendo una «valoración crítica» sobre el Dios que nos ama.

Los israelitas se aprovecharon de la bondad de Dios y murmuraban. La Biblia dice que «perecieron por el destructor». Tanto el Antiguo como el Nuevo Testamento registran esto para nuestra enseñanza (1 Corintios 10:9–10; Números 16:41; 21:4–6), a fin de que no nos acontezcan las mismas cosas. La murmuración de los israelitas trajo muerte y destrucción. Debemos recordar y comprender que Dios toma en serio la queja, así como también debemos ser diligentes en orar para que Dios nos ayude a mantenernos alejados de toda queja.

Las personas que guardan sus palabras, se guardan a sí mismas de las angustias; pero aquellos que son negligentes en sus dichos, pueden destruir sus vidas. Proverbios 21:23 dice: «El que guarda su boca y su lengua, Su alma guarda de angustias»; y Proverbios 13:3 dice: «El que guarda su boca guarda su alma; Mas el que mucho abre sus labios tendrá calamidad».

Cuando los israelitas estaban en el desierto, Dios tuvo que tratar con sus murmuraciones repetidas veces. Eran once días de camino desde Egipto hasta la tierra prometida (vea Deuteronomio 1:2); pero después de cuarenta años, los israelitas seguían deambulando en el desierto de muerte y destrucción. Una de las razones por la que les tomó cuarenta años entrar a la tierra prometida fue a causa de sus continuas murmuraciones sobre los contratiempos de su peregrinaje.

Por otra parte, Jesús murió en la cruz para redimir nuestros pecados y, a pesar de su terrible sufrimiento, no pronunció queja alguna. Resucitó de la muerte al tercer día. Así que vemos que a causa de las murmuraciones, los israelitas permanecieron en la misma situación por cuarenta años; pero Jesús alababa al Padre en medio de su aflicción y resucitó al tercer día.

Esto constituye un gran aprendizaje para nosotros. Debemos con diligencia guardarnos de la queja y de la murmuración; y en cambio, elegir deliberadamente ofrecer a Dios nuestra genuina alabanza y gratitud. Haríamos bien en desafiarnos cada día a no emitir queja alguna. Esto no significa que neguemos la existencia de nuestros problemas, pero sí buscar el lado positivo en todas las cosas. Siempre podemos encontrar una razón para estar agradecidos, sin importar qué está aconteciendo en nuestras vidas. El quejarse no ayuda en absoluto, no mueve la mano de Dios y no nos anima mientras aguardamos por nuestra liberación. Quisiera ser la persona más agradecida del planeta y sé que será todo un desafío, pero ¡todas las cosas son posibles para Dios!

CAPÍTULO 15

Alabe a Dios y será levantado

La Palabra de Dios contiene tantas verdades sobre el poder de la alabanza y la acción de gracia, que estoy convencida de que ambas combinadas constituyen el antídoto contra el veneno de la queja. La mejor manera de comenzar cada día es declarando palabras de gratitud y acciones de gracias. Si no llena sus pensamientos y sus conversaciones con cosas buenas y positivas, el enemigo tratará de llenarlos con cosas malas y negativas.

En el mundo se ejercen dos fuerzas: el bien y el mal. La Biblia nos enseña que el bien vence al mal (Proverbios 12:21); por lo tanto, debemos elegir el bien. Si nos encontramos frente a una situación negativa, podemos vencerla con el bien. La queja y la murmuración se encuadran dentro del mal, mientras que la alabanza y las acciones de gracias están comprendidas dentro del bien. La queja nos debilita; pero la alabanza y las acciones de gracias nos fortalecen.

Las personas que realmente son agradecidas no se quejan. Están demasiado ocupadas en ser agradecidas por las cosas buenas, que no tienen tiempo para buscar argumentos que den lugar a la queja.

El autor de Hebreos nos instruye a ser siempre agradecidos: «Así que, ofrezcamos siempre a Dios, por medio de él, sacrificio de alabanza, es decir, fruto de labios que confiesan su nombre» (Hebreos 13:15). No solo debemos alabar a Dios y ofrecerle acciones de gracias cuando sentimos que tenemos una razón para hacerlo. Ofrecer alabanza y acciones de gracias es fácil cuando tenemos un motivo, pero Hebreos 13:15 dice que ofrezcamos *sacrificio* de alabanza. Es decir, cuando creemos que no tenemos razones para ser agradecidos, pero declaramos nuestra gratitud de todos modos. Los israelitas, en el antiguo pacto, ofrecían el sacrificio de un animal muerto, mas nosotros podemos ofrecer un sacrificio vivo de alabanza. Nuestras palabras de gratitud ascienden a Dios como un sacrificio de olor fragante.

Debemos ofrecer a Dios nuestra alabanza y acciones de gracias en todo tiempo, y no olvidar darle gracias por todas sus bendiciones en nuestras vidas y por rodearnos con su favor. Si elaboráramos una lista de sus bendiciones, rápidamente notaríamos que tenemos tanto por lo cual estar agradecidos. He intentado hacer una lista de todas las cosas por las que estoy agradecida y, para serle honesta, me cansé de escribir antes de completarla y por lo general, me detengo a medio terminar. En los Estados Unidos, damos muchas cosas por sentadas porque tenemos en abundancia; pero las personas en otros países se sentirían ricos si las tuvieran.

Para citar un ejemplo, piense en el agua limpia y fresca. En muchas partes del mundo, el agua potable es un bien difícil de conseguir. Algunas personas deben caminar varias millas solo para conseguir un suministro de agua por un día. No obstante, en los Estamos Unidos, tomamos baños en agua limpia; nadamos, lavamos los platos, la usamos para lavar nuestra ropa, regamos las plantas, la bebemos, cocinamos y hacemos toda clase de cosas con ella, incluso la derrochamos. La podemos tener caliente o fría, cuando queramos y cuanto queramos. Sin embargo, este es un lujo que no es accesible en muchos lugares. ¿Alguna vez le ha agradecido a Dios por el agua?

También agradezco a diario por haber dormido bien durante la noche. He tenido momentos cuando no podía conciliar el sueño y he conocido personas que siempre tienen dificultades para dormir, lo cual es una situación miserable y lamentable. ¿Ha pensado en dar gracias a Dios porque puede caminar, hablar, escuchar y ver (si es que puede hacer todas estas cosas)? Existen muchas personas que no pueden y les encantaría poder levantarse de la cama sin ayuda.

Hay muchas cosas por las que agradecer si decidimos ofrecer continuamente nuestra alabanza y acciones de gracias a Dios. La carne busca motivos para quejarse, mas el espíritu busca razones para glorificar a Dios.

En Filipenses 2:14, el apóstol Pablo nos exhorta: «Haced todo sin murmuraciones y contiendas».

Luego, en· 1 Tesalonicenses 5:18, nos dice: «Dad gracias en todo, porque ésta es la voluntad de Dios para con vosotros en Cristo Jesús».

En Efesios 5:20, nos escribe que debemos dar *siempre gracias por todo* ..., en el nombre de nuestro Señor Jesucristo» (cursiva añadida).

De estos pasajes se desprende que no solo debemos evitar quejarnos, criticar, murmurar, cuestionar y dudar; sino que también debemos dar gracias siempre, en toda circunstancia y por todas las cosas. Dios no da cosas malas a sus hijos; cuando permanecemos agradecidos, aún en medio de las pruebas, da gloria y honra a Dios en gran manera. También hace saber al enemigo que su derrota es inminente, porque es imposible mantener en ataduras a una persona con un corazón agradecido.

Testificamos en gran manera de la benignidad de Dios cuando nos rehusamos a quejarnos en medio de cierta circunstancia, en la cual la gente a nuestro alrededor piensa que tenemos todo el derecho de quejarnos y murmurar. Cuando las personas notan que estamos atravesando por un tiempo difícil e incluso dicen cosas como «Vaya, debe ser realmente difícil para usted», quedan impresionadas al escucharnos hablar palabras de agradecimiento al Señor. Es de buen testimonio, los levanta en fe y glorifica al Padre.

Particularmente, me gusta Filipenses 2:14–15, el cual nos instruye a hacer todo sin murmuraciones, para que seamos sin mancha en medio de una generación maligna y perversa. Asimismo, dice que resplandeceremos como luminares en un mundo de tinieblas. Piense por un momento en esto: en el mundo de hoy, escuchamos quejas y murmuraciones adondequiera que vayamos. Las personas que tienen empleo se quejan de sus jefes, o de las condiciones laborales, o de sus salarios; mientras que los que están desempleados murmuran porque no tienen trabajo. La lista de quejas es interminable y puede abarcar desde el gobierno, vivienda, salud, personas en nuestras vidas a quienes criticamos, el clima, el tráfico, etc. Tomemos la decisión de ser diferentes en este mundo. ¡Intentemos superar al quejumbroso! Seguramente, podremos encontrar más razones por las que estar agradecidos que aquellos que encuentran motivos para quejarse.

Permítame animarle a no solo dejar de quejarse, sino también a elegir ser agradecido y alabar a Dios en cada situación. Tendrá que hacerlo de manera intencionada, ya que va en contra de la naturaleza humana. No siempre tendrá ganas de alabar a Dios; pero si toma la decisión de alabarle de todos modos, librará el poder de Dios en su vida. Por años, he dicho la frase: «Una vida que alaba es una vida con poder», y lo creo ahora más que nunca.

En el capítulo anterior, lo animé a que tome el desafío de vivir cada día sin quejarse. Ahora, quisiera animarlo a agregar una segunda parte a ese desafío. No solo renuncie a la queja, sino también decida ser agradecido y alabar a Dios cada día. Intente irse a dormir a la noche meditando en sus bendiciones y pensando en todas las cosas por las que está agradecido. Sean las oraciones de acciones de gracias las primeras palabras que salgan de su boca cada mañana. Asegúrese que dar gracias a Dios no solo por las cosas «grandes» que Él hace en su vida, sino también por las cosas «pequeñas».

Adquirir el hábito de ser agradecido y expresar su gratitud con sus propias palabras cada día lo ayudarán a desarrollar una actitud de gratitud. No se desanime si tiene un mal día y olvida dar gracias; solo comience de nuevo al día siguiente. No pasará mucho tiempo antes de que se vuelva una persona de alabanza y poder quien se levanta sobre sus circunstancias.

CAPÍTULO 16

Resista las palabras airadas y ofensivas

Vemos en Efesios 4:31 una escritura importante con relación a la boca:

Quítense de vosotros toda amargura, enojo, ira, gri-tería y maledicencia, y toda malicia.

Todas las palabras descriptivas de este versículo identifican los elementos que pueden ocasionarnos problemas. ¡Vaya qué lista! La misma comprende amargura, mal carácter, resentimiento, contienda y lenguaje abusivo, por nombrar algunas. Creo que todos estos conceptos están arraigados en el orgullo y el egocentrismo. En otras palabras, estos espíritus se levantan en nosotros porque no obtenemos lo que queremos, cuando lo queremos. Nadie está exento; nadie es perfecto y nadie tiene una actitud y un comportamiento perfecto todo el tiempo. Por lo tanto, me pregunto ¿cuáles de estos representa para usted el mayor problema?

En lo personal, tendría que decir que algunos de los problemas más importantes con los que tuve que tratar en el pasado fueron el mal carácter y el resentimiento. Solía tener un carácter terrible y me enojaba en exceso. También guardaba resentimiento por haber sido abusada en mi niñez y sentía que mi vida no había tenido un buen comienzo. Gracias a Dios, me ha librado de ambos, pero aún lucho a diario con el egoísmo y la impaciencia. Ambas debilidades afectan la forma en que tratamos a las personas. Es la voluntad de Dios que amemos a nuestro prójimo, y el amor se refleja en la manera en la que nos relacionamos. El amor no es simplemente una palabra o una teoría, sino una acción. Decido en mi corazón que quiero amar a mi prójimo y, por lo tanto, debo permitir a Dios que obre en mí y me libre de todo aquello que me impida hacerlo.

No debemos tener mal carácter o enojarnos con facilidad. No debemos ser duros o severos hacia otras personas ni egoístas o impacientes. El Espíritu Santo nos ayudará a vencer estos comportamientos impíos si en verdad queremos cambiar. Podrá llevar tiempo y determinación, pero Dios nos cambiará si se lo pedimos.

La Biblia nos enseña en Santiago 1:19 que el hombre debe ser «pronto para oír, tardo para hablar, tardo para airarse». La más importante de estas—y por lo general la más difícil—es ser tardo para hablar. Una vez que abrimos nuestra boca y comenzamos a hablar sin consideración ni dominio propio, podemos causar problemas o lastimar a alguien.

Todos tendemos a enfadarnos cuando hacemos

planes y luego sobreviene alguna situación que los echa a perder. Cuando eso me ocurre, he aprendido a respirar profundo y considerar qué decir y qué no decir antes de hacer otra cosa. Aprender a pensar antes de hablar es una forma sabia de vivir. Las personas que hablan precipitadamente siempre terminan causando problemas con sus palabras.

Las cosas nunca suceden exactamente como las planeamos día tras día y debemos aprender a adaptarnos a las personas y a las situaciones (Romanos 12:16). En otras palabras, debemos aprender a «seguir la corriente». Esta frase posiblemente signifique más para mí que para la mayoría de ustedes, a causa de algunos incidentes que ocurrían con frecuencia en nuestra casa cuando mis hijos eran pequeños. Parecía que *cada vez* que nos sentábamos a comer, alguien derramaba un vaso con leche. Cuando eso sucedía, me molestaba. De inmediato estallaba en gritos: «¡No puedo creerlo! ¡Mira lo que hiciste! ¡Pasé toda la tarde preparando esta comida para que tú la arruinaras!».

La realidad era que la única persona quien estaba arruinando la comida era yo. Creía que el problema era la leche derramada, pero en verdad el problema estaba en mí.

En aquellos días, solíamos tener comidas abundantes con un montón de platos y utensilios sobre la mesa. Cuando un vaso de leche se derramaba, inevitablemente comenzaba a esparcirse por debajo de los platos y cubiertos. La leche iría directo a la abertura en la parte superior de la mesa, el lugar desde donde podíamos expandir la mesa al agregarle una extensión cuando era necesaria.

La razón por la que me molestaba tanto que la leche llegara a la abertura era porque sabía que comenzaría a correr por las patas de la mesa hasta llegar a nuestros pies. Cuando eso ocurría, no solamente tenía que limpiar la leche derramada sobre la mesa, sino también tenía que separar la mesa, limpiar la abertura (donde se acumulaba un montón de migas y suciedad, haciendo un gran desastre) y luego arrodillarme y arrastrarme debajo de la mesa para limpiar la parte inferior y limpiar la leche derramada del piso.

Como dije, este escenario ocurría con frecuencia cuando nuestros hijos eran pequeños. Cuando uno de ellos derramaba la leche o algún otro líquido, al instante, todos sabían cuál iba a ser mi reacción, y no era precisamente de autocontrol y paciencia. Me levantaba de un salto quejándome y corría a tomar un trapo. Me metía debajo de la mesa, por lo general con alguien pateándome en la cabeza porque el espacio era bastante estrecho. No era una «ama de casa feliz». De hecho, me enojaba tanto que sentía que iba a explotar.

Cuando estamos atrapados en una situación que

no podemos cambiar sin importar lo que hagamos, es cuando debemos aprender a aceptarla con gozo.

«Aceptación con gozo» es una frase corta y agradable; pero es mucho más fácil decirla que ponerla en práctica. Me llevó mucho tiempo aprender cuán absurdo es enojarse por situaciones que no puedo controlar. No importa cuánto me enojara, no iba a poder revertir la situación, por lo que debemos aprender a adaptarnos y a enfrentarla.

No sabía cómo hacerlo en aquel entonces, cuando comencé a meterme debajo de la mesa para atrapar las gotas de leche. Solo tenía ataques emocionales—gritos y chillidos—como una chiquilla malcriada.

Durante uno de estos episodios, el Espíritu Santo me mostró que todos los ataques de histeria de este mundo no lograrían que la leche derramada retroceda por las patas de la mesa, hasta la superficie, y que luego vuelva al vaso. En otras palabras, me estaba diciendo que mis berrinches no iban a revertir mi situación.

Debemos comprender que no importa qué tan furiosos nos encontremos o qué tan impacientes podamos ser, que nos dé un ataque de ira no va a cambiar nada. Puede, no obstante, ocasionarle dolor de cabeza, dolor de cuello, malestar estomacal, hipertensión y finalmente una crisis nerviosa. Me pregunto: ¿Vale la pena decir todas esas palabras ofensivas?

Finalmente aprendí—luego de muchas innecesarias respuestas ofensivas—ir con la corriente y no perder la paz. Cuando hago esto, de mi boca salen palabras más amables y ayudo a preservar un ambiente pacífico y placentero para mí misma y para aquellos que me rodean. Como madre, debía dar el ejemplo a mis hijos sobre cómo comportarse cuando algún accidente ocurriera. Tomó un tiempo; pero Dios finalmente me dio la victoria y he podido disculparme con mis hijos. A lo largo de los años, nos hemos divertido mucho al recordar «mis excursiones debajo de la mesa».

CAPÍTULO 17

Ponga la ley de clemencia en su lengua

Muchos están familiarizados con Proverbios 31, el cual describe a la mujer virtuosa. El versículo 26 de dicho capítulo dice: «Abre su boca con sabiduría, Y la ley de clemencia está en su lengua».

Uno de los mayores problemas que afectó mi aprendizaje sobre el control de mi ira y mis palabras ofensivas fue que durante los primeros años de mi vida había sido maltratada y abusada. Como resultado, me convertí en una mujer de espíritu duro. En mi juventud, tomé la determinación de que nadie me heriría otra vez, y esa actitud influenció mis pensamientos y mi forma de hablar.

Aunque procuraba hablar cosas correctas y agradables, cuando esas palabras pasaban por mi alma (mi mente, mi voluntad y mis emociones) y se impregnaban de la dureza y amargura que estaban escondidas allí, salían de mi boca sonando duras e impacientes.

No importa que tan recto sea su corazón delante del Señor, si tiene orgullo, ira o resentimiento en su espíritu, no podrá abrir su boca sin expresar de alguna forma esos sentimientos o emociones negativos.

Quizás hasta no reconozca la dureza en su tono de voz, pero los demás lo harán.

Jesús nos dio la razón de por qué no podemos evitar que nuestras palabras se vean influenciadas por nuestros pensamientos y emociones: «Porque de la abundancia del corazón habla la boca» (Mateo 12:34). Nuestras palabras son la consecuencia de lo que hay en nuestro corazón.

A raíz de que por años fui una persona dura y cargada de ira, el Señor debía primeramente hacer su obra en mí, a fin de que pueda desarrollar un carácter amable y paciente. De hecho, la amabilidad llegó a ser un asunto crucial en mi vida. Parte de lo que Dios me reveló en su Palabra con respecto a este tema fue Proverbios 31:26. Cuando leí este versículo, pensé: «Oh Señor, tengo cualquier otra cosa en mi boca menos la ley de clemencia». Creía que era tan dura por dentro, que cada vez que abría mi boca, salía un martillo.

Antes de que Dios obrara con mi boca, mis palabras sonaban terribles. Ni siquiera podía pedirles a mis hijos que sacaran la basura sin sonar como un sargento. ¿Quién quiere vivir con una persona así? Sé que fue difícil para mi familia, pero también lo fue para mí. Yo no quería ser así, siempre tan irritable e impaciente. Mi padre se había comportado de ese modo y, a pesar de que odiaba cómo me hacía sentir, me encontraba haciéndoles lo mismo a otros.

Quizás pueda identificarse con mi experiencia personal. Pudo haber sido maltratado o abusado de joven, como fue en mi caso, y terminar lleno de odio, resentimiento, contienda, ira y hostilidad. En vez de palabras amables, expresa palabras duras y severas, aun cuando no quiere hacerlo.

Si esta es su situación, le digo desde mi experiencia que más allá de que nadie se siente cómodo alrededor de una persona así, usted se está haciendo más daño del que le hace a los demás. Vale el esfuerzo meditar en la Palabra de Dios y estar en comunión con Él, permitirle que sane las heridas del pasado, que lo guíe si fuera necesario y obre para que pueda vencer la negatividad con la que ha crecido. Cuando la ley de clemencia está en su boca, no solo las personas a su alrededor se beneficiarán, sino usted también se sentirá mejor con usted mismo y podrá gozar de la vida.

En Mateo 11:29–30, Jesús nos habla estas palabras reconfortantes y alentadoras:

> Llevad mi yugo sobre vosotros, y aprended de mí, que soy manso y humilde de corazón; y hallaréis descanso para vuestras almas; porque mi yugo es fácil, y ligera mi carga.

Creo que cuando Jesús nos dice que llevemos su yugo, nos habla de voluntariamente entregar nuestros corazones—especialmente, las heridas del pasado y las palabras duras como consecuencia de aquellas heridas—a su voluntad y a sus caminos. Ningún hombre puede domar su propia lengua (Santiago 3:8), pero el Espíritu Santo nos ayudará a controlarla. Él nos guiará para que recibamos la sanidad que necesitamos, a fin de hablar palabras amables a nosotros mismos y a los demás, y a poner la ley de clemencia en nuestra lengua.

Cuando comencé por primera vez a permitirle al Espíritu Santo que me ayudara a ser una persona más amable y gentil, busqué la palabra *gentil* en la *Concordancia Strong*. Cuando leí su significado, dije: «Señor, ¡tienes que ayudarme!». En verdad pensé que no había forma de que pudiera ser una persona gentil.

Dios comenzó a obrar en mí en cuanto a la amabilidad y, al igual que muchas personas, era tan extremista que no podía encontrar un punto medio. Cuando veía que estaba desequilibrada en un área en particular, pensaba que debía ir hacia el otro extremo. Cuando Dios me estaba enseñando a ser gentil, me volví por un período tan gentil y amable que permitía que mi hijo menor hiciera lo que quisiera. Prácticamente dejé de ejercer disciplina alguna porque no quería sonar dura con él.

También tiré por la borda mi relación con otras personas. Me volví reticente a levantar mi voz cuando veía que algo no era correcto y dubitativa para ofrecer corrección o sugerencias de mejoras, porque no quería dar la impresión de ser una persona poco amable. Permití que algunas cuestiones se salieran de control en cuanto a mi ministerio. El problema fue que me volví tan complaciente y comprensiva que era ineficiente al tratar con personas o situaciones que requerían una mano firme.

Aprendí de esas experiencias que todos los extremos son malos. En un intento por no ser tan dura, no me había vuelto gentil, ¡sino débil! No debemos ser irritables ni impacientes; pero al mismo tiempo, no podemos ser tan apacibles al punto de convertirnos en el blanco de aquellos que quieren aprovecharse de nosotros. La clave es el equilibro.

Con el tiempo, Dios me enseñó a ser una persona gentil, pero firme y determinada cuando fuera necesario. En general, he aprendido a mantener la ley de clemencia en mi lengua y a ser paciente con los demás. Cuando cierta situación requiere que tome una postura firme, puedo hacerlo y me siento segura. No obstante, estoy agradecida de ya no ser más aquella persona dura y siempre enojada. Sí tengo una personalidad firme y directa, y no necesito pretender ser alguien que no soy; pero sin importar qué tipo de personalidades tengamos, aún debemos ser imitadores de Jesús.

Si por algún motivo ha luchado con ser amable

y gentil, espero que este capítulo y mi testimonio personal lo animen. Soy una prueba viviente de que es posible un cambio radical en esta área y estoy convencida de que si se lo pide al Espíritu Santo y permite que Él lo guíe, usted será transformado de una forma maravillosa.

CAPÍTULO 18

No hable lo malo

Proverbios 15:4 dice: «La lengua apacible es árbol de vida; Mas la perversidad de ella es quebrantamiento de espíritu». Este versículo refleja el mismo principio que Proverbios 18:21, el cual afirma que ministramos con nuestra lengua tanto vida como muerte: «La muerte y la vida están en poder de la lengua».

Ambos versículos explican por qué la Palabra de Dios nos recuerda tan seguido prestar atención a nuestras palabras. En Efesios 4:29, el apóstol Pablo escribió: «Ninguna palabra corrompida salga de vuestra boca, sino la que sea buena para la necesaria edificación, a fin de dar gracia a los oyentes».

Note que la palabra *espíritu* en Proverbios 15:4 se escribe con «e» minúscula, porque no se refiere al Espíritu Santo, sino al espíritu humano. Es decir, nuestras palabras tienen poder para dar vida o quebrantar el espíritu o corazón de otras personas, así como también el nuestro. Al meditar en las tres escrituras previamente mencionadas en este capítulo, podemos concluir que, como cristianos, no debemos decir cosas que desanimen a las personas o las incite a rendirse, ni de nuestra boca deben salir palabras o comentarios corrompidos. No debemos usar nuestra boca para herir, quebrantar o desanimar; por el contrario, debemos hablar palabras que traigan sanidad, restauren y levanten nuestra fe. ¡Intente dar un cumplido sincero a cada persona con la que tenga contacto! Los rostros de las personas se iluminan cuando destacamos algo bueno sobre ellas.

Ante cada situación, tenemos una elección. Podemos usar nuestras palabras para influenciar de manera positiva o negativa. En casi todas las circunstancias y en la mayoría de las personas, podemos encontrar algo bueno como algo malo. Todos los días, estaremos satisfechos y complacidos con algunas cosas, pero no con todas. Romanos 12:21 nos enseña a afrontar las cosas negativas de una forma positiva: «No seas vencido de lo malo, sino vence con el bien el mal». Dios quiere que nos centremos en el bien—no el mal—en la vida, en otros y en nosotros mismos. Debemos elegir hacer esto constantemente, a fin de que se vuelva un hábito en nuestra manera de hablar.

La razón por la que debemos ser tan diligentes en hablar de forma positiva es porque muchos de nosotros hemos pasado años hablando de forma negativa. Las palabras negativas son el resultado de pensamientos negativos. Creo que muchos de nosotros en realidad tenemos fortalezas mentales de negativismo, las cuales deben ser destruidas a fin de que podamos pensar y hablar de manera positiva.

Una fortaleza se asemeja a un muro de ladrillos en nuestras mentes. Se construye un ladrillo a la ve—un pensamiento a la vez—rotando cierta clase de pensamientos en la mente. Podríamos decir que al tener los mismos pensamientos una y otra vez, durante un cierto período, se forman canales o surcos en nuestra mente. Una vez establecidos esos canales o formas habituales de pensar, se tornan muy difíciles de cambiar. Sin embargo, hasta que esas fortalezas sean destruidas, nos causarán problemas. Permítame darle un ejemplo.

Una vez aconsejé a una joven que tenía una autoestima destruida. Se sentía tan mal consigo misma porque durante toda su vida le habían repetido que era buena para nada y que nunca lograría nada. A medida que pasaban los años, continuaba repitiéndose ese mensaje en su cabeza. Por años se dijo a sí misma: «Soy buena para nada. Nunca lograré nada. Debe haber algo malo en mí. De otro modo, las personas me amarían y me tratarían bien». A causa de las mentiras que creyó, las cuales formaron un canal en la forma en que se veía a sí misma, luchaba para poder relacionarse y con otras áreas de su vida.

Comprendía los desafíos de esta jovencita y entendía cómo esas fortalezas se habían levantado en su vida, porque yo también las había desarrollado en mi propia vida. Muchas veces he mencionado que por años fui muy negativa en mi manera de pensar y de hablar. La razón por la que había levantado tales fortalezas de negativismo fue porque me sucedieron y también se dijeron sobre mí muchas cosas negativas al comienzo de mi vida. Crecí en un ambiente negativo, rodeada de personas negativas que veían todas las cosas de forma negativa. A causa de que pasé mucho tiempo en ese entorno de negativismo, aprendí también a ser negativa. Por años, no supe que tenía una opción. En mi adultez, sentía que tener una perspectiva negativa de la vida era una forma de protegerme a mí misma. Creía que si no esperaba que me sucedieran cosas buenas, no me desilusionaría cuando estas no ocurrieran.

Si piensa en las personas que conoce, se dará cuenta de que las cosas buenas tienden a sucederles a aquellos que esperan cosas buenas y tienen una actitud positiva ante la vida. Por el contrario, las personas negativas tienden a atraer circunstancias negativas. Aun si las circunstancias en sí mismas no fueran completamente negativas, una persona pesimista las verá de ese modo y hablará sobre ellas de forma negativa.

A lo largo de los años, he conocido a muchas personas negativas. Al igual que yo, fueron criadas en un entorno negativo, por lo que ahora tienen un espíritu negativo. No es agradable estar alrededor de ese tipo de personas; pero hay una manera de no ser negativo y destruir y vencer esas fortalezas de negativismo.

Una de las maneras de comenzar ahora mismo a destruir dichas fortalezas es meditando y poniendo en práctica la escritura que se encuentra en Filipenses 4:8. En este versículo, el apóstol Pablo nos da una lista de cosas sobre las que debemos pensar:

Por lo demás, hermanos, todo lo que es verdadero, todo lo honesto, todo lo justo, todo lo puro, todo lo amable, todo lo que es de buen nombre; si hay virtud alguna, si algo digno de alabanza, en esto pensad.

Una de las verdades que he dicho por años a lo largo de mi ministerio es: «Piense acerca de lo que está pensando». En otras palabras, no permita que el enemigo llene su mente con aquellos pensamientos que él quiere que usted tenga ni dé lugar a pensamientos aleatorios que provocan que su mente se desvíe y pierda perspectiva. Preste atención a sus pensamientos. Si utiliza Filipenses 4:8 como guía, comenzará a tener pensamientos constructivos y no destructivos. En la medida que comience el proceso de construir una fortaleza positiva, aquella fortaleza negativa se desmoronará y finalmente su mente—y su boca—será completamente transformadas en una fuente de vida.

CAPÍTULO 19

Sea portador de buenas noticias

En los tiempos del Antiguo Testamento, el pueblo de Dios, Israel, sabía que Dios les entregaría la tierra prometida. Quizás no eran conscientes de las dificultades que implicaría llegar allí. De hecho, a veces, sus propias actitudes, palabras y comportamientos hacían que su peregrinaje fuera mucho más duro y largo de lo que debería haber sido. Cuando finalmente estaban cerca, su líder, Moisés, envió a doce espías a reconocer la tierra y ver qué implicaría poseer la tierra prometida. Números 13:32 relata que diez de los espías concluyeron: «Y hablaron mal entre los hijos de Israel, de la tierra que habían reconocido, diciendo: La tierra por donde pasamos para reconocerla, es tierra que traga a sus moradores; y todo el pueblo que vimos en medio de ella son hombres de grande estatura».

¡Eso *no* fue una buena noticia! Fue tan desalentador y aterrador que todo el pueblo de Israel comenzó a llorar y a quejarse. Incluso decían entre sí de elegir un nuevo líder y regresar a la esclavitud de Egipto (Números 14:1–4). Piense en esto: un informe negativo bastó para influenciar a toda una nación de manera tan perjudicial que querían renunciar por completo a la promesa de Dios. Preferían regresar al trabajo esclavo y a la sumisión a los egipcios; ¡y todo esto por causa de lo que dijo un grupo pequeño de personas!

No obstante, Moisés había enviado a doce espías a la tierra de la promesa, y dos de ellos, Josué y Caleb, dieron un informe completamente diferente al de los otros diez: «Y hablaron a toda la congregación de los hijos de Israel, diciendo: La tierra por donde pasamos para reconocerla, es tierra en gran manera buena. Si Jehová se agradare de nosotros, él nos llevará a esta tierra, y nos la entregará; tierra que fluye leche y miel».

¡Qué gran diferencia! Los diez espías rindieron un informe negativo, mientras que Josué y Caleb hablaron de forma positiva, con fe y valentía, sobre el mismo lugar que los otros espías creían que era tan malo. Este episodio enfatiza el hecho de que muchas situaciones en la vida tienen tanto aspectos positivos como negativos, y nuestra manera de ver las cosas determinará si nos dejaremos intimidar y derrotar por esas circunstancias o si las conquistaremos con la ayuda de Dios.

Los diez espías dieron un informe negativo sobre la tierra prometida porque la vieron con ojos negativos. Decidieron no ver los aspectos positivos o su potencial.

Estoy segura de que la tierra prometida es como cualquier otra situación con la que las personas a menudo se enfrentan, con sus ventajas y sus desventajas. Dudo que cada cosa haya sido perfecta, porque nada en este mundo es perfecto. No importa cuánto pueda desear relacionarse con personas perfectas, tener un empleo perfecto, vivir en un vecindario perfecto, asistir a una iglesia perfecta o administrar su tiempo o su dinero de forma perfecta, la realidad es que todo tiene sus defectos y desafíos. Cada persona con la que nos relacionamos y cada circunstancia por la que atravesamos son como un paquete mixto de cosas que nos gustan y cosas que nos disgustan. Dios no quiere que nos focalicemos en lo malo, sino que magnifiquemos lo bueno.

Como mencioné anteriormente, cuando hablo de enfocarnos en el lado positivo, no me refiero a hacer la vista gorda a las cosas que en verdad están mal y no queremos admitirlas o enfrentarlas. Mi punto es que podemos entender las cosas como son y elegir verlas desde una perspectiva optimista, tener pensamientos positivos y dar buenas noticias.

En verdad, no importa cuán mala pueda ser una situación, hablar de forma negativa no cambiará nada. Cuando somos negativos, solo conseguimos empujarnos hacia una negatividad más profunda. Cuando nos quejamos o tomamos nuestro tiempo de oración para que Dios escuche nuestros quejidos y lamentos, empeoramos las cosas.

La única manera de que la situación mejore es acercándonos a Dios con sinceridad y pedirle que intervenga. No tenemos que negar lo que pueda estar mal; pero debemos mostrar nuestra disposición por ver el lado bueno y poner nuestra confianza en Dios, quien es fiel para tornar cualquier circunstancia conforme a su voluntad. Podemos hacer una oración como esta: «Dios, estoy herido a causa de mis circunstancias; pero sé que tú tienes planes de bien para mi vida y que me guiarás hacia ellos. Creo que todas las cosas me ayudan a bien y confío en que tú tornarás esta situación en bendición para mi vida».

No creo que sea conveniente no mencionar los problemas o las luchas que enfrentamos. A veces, el simple hecho de hacerle saber a un amigo responsable o a un consejero por lo que estamos atravesando puede ser muy útil. Además, si conocemos a alguien que pueda cambiar nuestra situación, podríamos hablar con tal persona. No obstante, el simple hecho de hablar sobre nuestros problemas sin ninguna razón aparente no va a resolver nada. Si vamos a hablar sobre nuestros problemas, debemos hacerlo con el objetivo de mejorar la situación, no empeorarla.

Volviendo a la historia de los diez espías hebreos que fueron a reconocer la tierra prometida, nada de lo que le dijeron a Moisés fue positivo. Reconocieron que había leche y miel, al igual que Josué y Caleb, pero inmediatamente su reporte se tornó negativo:

Y les contaron, diciendo: Nosotros llegamos a la tierra
a la cual nos enviaste, la que ciertamente fluye leche y
miel; y éste es el fruto de ella. Mas el pueblo que habita
aquella tierra es fuerte, y las ciudades muy grandes y
fortificadas; y también vimos allí a los hijos de Anac.

Números 13:27–28

Los espías continuaron diciendo que varios de los
enemigos de los israelitas habitaban en ciertos lugares de la tierra prometida. El pueblo de Israel comenzó a murmurar y a quejarse, pero Caleb habló y
los hizo callar. Entonces, sin negar la presencia de
sus enemigos, dijo: «Subamos luego, y tomemos po-
sesión de ella; porque más podremos nosotros que
ellos» (Números 13:30).

Los diez espías hablaron palabras de duda y temor,
mientras que Caleb, en nombre también de Josué, de-
claró fe, valentía y victoria. Josué y Caleb fueron los
únicos dos de los doce espías que entraron a la tierra
prometida. Los demás espías murieron en el desierto,
junto con los israelitas que decidieron creer el informe negativo.

En Mateo 12:36, Jesús dijo: «Mas yo os digo que
de toda palabra ociosa que hablen los hombres, de
ella darán cuenta en el día del juicio». Si ciertas cosas
que decimos pueden ser «innecesarias», entonces
otras cosas pueden ser «necesarias». Es decir, lo que

declaramos con nuestra boca hace una diferencia. Las palabras pueden actuar a nuestro favor o en nuestra contra.

Debemos tener presente el poder de nuestras palabras cada vez que abrimos nuestra boca para hablar. Los diez espías hebreos fracasaron en esto y se perdieron de la promesa de Dios.

No importa la situación en la que se encuentre, siempre crea en las promesas de Dios. Aun si tiene que superar algunas dificultades para ver el cumplimiento de dichas promesas, siempre hable sobre ellas en forma positiva. Permita que las palabras de su boca obren a su favor, mediante su declaración de fe, esperanza, valor y victoria.

PARTE 5

SUS PALABRAS PUEDEN DETERMINAR SU FUTURO

CAPÍTULO 20

Crea y declare

Dios tiene un gran futuro para su vida. En Jeremías 29:11, Dios dijo: «Porque yo sé muy bien los planes que tengo para ustedes—afirma el Señor—, planes de bienestar y no de calamidad, a fin de darles un futuro y una esperanza (NVI).

El plan de Dios para nuestras vidas ya ha sido establecido en el mundo espiritual; sin embargo, el enemigo se esfuerza por atacarlo y destruirlo. Lamentablemente, ha tenido un alto índice de éxito en muchas vidas. Jesús vino para deshacer las obras del diablo (1 Juan 3:8) y abrir un camino para que los propósitos de Dios se cumplan en nosotros.

No veremos resultados positivos en nuestra vida diaria si hablamos constantemente de manera negativa. Cuando hablamos sobre algo, estamos declarando su existencia. Estamos entrando al reino espiritual y tomando cosas de acuerdo con lo que hablamos. Cada vez que abrimos nuestra boca, podemos elegir entrar al campo del enemigo—el reino de maldición—y tomar las cosas negativas, o podemos entrar al territorio de Dios—el reino de bendición—y tomar las cosas buenas. La decisión es nuestra.

Una persona puede creer por muchas cosas y, sin embargo, ver muy pocos resultados. Esto se debe principalmente a que quizás no comprendan la conexión poderosa entre creer y declarar. La mejor forma de demostrar que creemos en la Palabra de Dios y en sus propósitos es declararlo con nuestra boca. Por lo general, cuanto más fuerte sean nuestras convicciones, más hablaremos sobre ellas. Por lo tanto, resulta lógico que si decimos que creemos en Dios, pero nunca hablamos sobre Él, nuestra fe podría no ser muy fuerte; o si decimos que creemos que Dios suple nuestras necesidades, pero continuamente hablamos de lo preocupado que estamos por nuestros problemas, entonces no estamos creyéndole a Dios.

Cuando Dios creó el mundo, nos dio un gran ejemplo en lo que respecta a creer y luego hablar para que sea hecho. Dios pensó en la luz y dijo: «Sea la luz; y fue la luz» (Génesis 1:3). Aunque la Biblia no nos da el poder ver en forma directa el proceso de pensamiento de Dios en la creación, podemos saber en qué pensó porque vemos las cosas que fueron creadas por Él. A lo largo del primer capítulo de Génesis, vemos todas las cosas creadas por Dios por medio de su Palabra. (Génesis 1:3, 6, 7, 9, 11, 14, 15, 20, 24, 26). Desde el comienzo de la Escritura, se estableció este principio de hablar para que sea hecho.

Hebreos 11:3 nos recuerda estas palabras: «Por la

fe entendemos haber sido constituido el universo *por la palabra de Dios...*» (Cursiva agregada). Varios capítulos antes, en Hebreos 1:3, leemos que Dios sustenta todas las cosas creadas «con la palabra de su poder».

Claramente, Dios obra conforme al principio de creer y declarar, y tiene pleno conocimiento del poder de las palabras. Como seres humanos, podemos no lograrlo a la perfección, como Dios lo hace; pero la Biblia nos enseña que fuimos creados a su imagen y que debemos ser imitadores de Él y procurar ser como Él (vea Génesis 1:26–27; Efesios 5:1). Por lo tanto, debemos esforzarnos por seguir su ejemplo de creer y luego declarar que las cosas sean hechas.

Si vamos a ser imitadores de Cristo, necesitamos entender su forma de obrar. Romanos 4:17 dice: «el cual da vida a los muertos, y llama las cosas que no son, como si fuesen».

La Palabra de Dios es su promesa para nosotros, y deberíamos hablar sobre las cosas que Él nos prometió como si ya existieran. Cuando decidimos creer y declarar la Palabra de Dios y vivir conforme a sus propósitos, experimentamos el poder y el gozo de Dios en nuestras vidas.

Hay mucha desesperanza en el mundo de hoy, pero con Dios siempre hay esperanza. Nuestra esperanza está en Él y en sus promesas; por lo tanto, cuanto más hablemos de sus promesas, más esperanza tendremos. Salmos 71:5 dice: «Porque tú, oh Señor Jehová, eres mi esperanza, Seguridad mía desde mi juventud».

Supongamos que ciertas personas pierdan sus empleos y estén en gran necesidad económica. ¿Qué les será más útil? ¿Estar temerosos, preocupados y ansiosos, manifestando todas sus preocupaciones o traer a memoria y confesar las promesas de la Palabra de Dios que nos enseña que Él suplirá todas nuestras necesidades? Estas personas no deben negar que tienen una necesidad; pero también tienen el privilegio, como hijos de Dios, de declarar que su confianza está puesta en el Señor y en su Palabra. El salmista David era muy sincero sobre sus sentimientos y, sin embargo, siempre buscó fuerza y consuelo en la Palabra de Dios: «Ella es mi consuelo en mi aflicción, Porque tu dicho me ha vivificado» (Salmo 119:50).

Si decidimos llenar nuestras conversaciones con las promesas de Dios, nos reanimará, fortalecerá y alentará; pero si solo hablamos de nuestros problemas y temores, estaremos debilitados y desanimados.

En estos tiempos de oscuridad, también nosotros podemos decir: «Que sea la luz. Que toda la bondad de Dios sea sobre mi vida y sobrepase las tinieblas».

Recordemos que de la abundancia del corazón, habla nuestra boca (Mateo 12:34). Crea y luego declare. Permita que su mente sea renovada con la

Palabra de Dios para que pueda declarar su Palabra y estar expectante de las cosas maravillosas que experimentará a causa de su gracia abundante.

CAPÍTULO 21

Profetice sobre su futuro

Creo que Dios está buscando hombres y mujeres en quienes pueda plantar «la semilla de sus sueños». No obstante, a fin de cumplir los sueños que Dios tiene para nuestras vidas, tenemos que estar dispuestos a «concebir» un sueño. Debemos ver con nuestros ojos espirituales lo que Dios quiere hacer en nuestras vidas naturales. Esto significa que tenemos que estar dispuestos a coincidir con Dios, a creer lo que Él nos dice, del mismo modo en que Abraham creyó la promesa que parecía imposible, de que su esposa de edad muy avanzada daría a luz a un hijo (vea Génesis 15:1–6).

Creer es el primer paso importante para concebir y cumplir un sueño, y lo que creamos en nuestro corazón, será expresado con nuestra boca.

Muchos de nosotros no usamos nuestras bocas con el propósito por el que fueron creadas por Dios. Como mencioné anteriormente, las palabras tienen un gran poder y autoridad. La clase de poder que se manifieste en nuestras vidas dependerá de las palabras que hablemos. Podemos maldecir nuestro futuro al hablar palabras malas o podemos bendecirlo al hablar lo bueno.

Entonces, permítame preguntarle: ¿De qué manera

habla sobre su futuro? Si no se encuentra satisfecho con su vida y busca un cambio, tendrá que comenzar a hablar palabras de bien para su futuro y el de sus seres queridos, en conformidad con la Palabra de Dios.

Este es un principio fundamental sobre el método de obrar de Dios: primero Él declara la palabra; luego ejecuta. En el siguiente pasaje; vemos que Dios quería hacerle saber al pueblo de Israel que Él haría grandes obras en sus vidas, así que las anunció con anterioridad. En Isaías 48:3, 5–7, Dios dijo:

> *Lo que pasó, ya antes lo dije, y de mi boca salió; lo publiqué, lo hice pronto, y fue realidad...*
>
> *Te lo dije ya hace tiempo; antes que sucediera te lo advertí, para que no dijeras: Mi ídolo lo hizo, mis imágenes de escultura y de fundición mandaron estas cosas. Lo oíste, y lo viste todo; ¿y no lo anunciaréis vosotros? Ahora, pues, te he hecho oír cosas nuevas y ocultas que tú no sabías. Ahora han sido creadas, no en días pasados, ni antes de este día las habías oído, para que no digas: He aquí que yo lo sabía.*

Dios está diciendo que las cosas que Él deseaba hacer fueron creadas por la palabra profética. En otras palabras, las profecías promueven realidades. Esto explica por qué Dios envió a los profetas. Estos hablaban las palabras inspiradas e instruidas por Dios, las cuales acercaban la voluntad de Dios desde el mundo espiritual al mundo natural. Jesús no vino a esta tierra hasta que primeramente los profetas hablasen sobre Él por cientos de años.

No tenemos que ignorar las leyes espirituales por medio de las cuales Dios obra. Y porque fuimos creados a su imagen, podemos seguir su ejemplo y hacer lo que Él hace. Así que esto es lo que deberíamos hacer: hablar y declarar la Palabra de Dios *antes* de que se cumpla. También podemos profetizar para que ocurran cosas buenas en los días venideros.

«Pero yo no soy profeta», dirá usted.

No tiene que tener el título de profeta a fin de profetizar. Cuando el Espíritu Santo vive en usted, puede profetizar (declarar la Palabra de Dios) sobre su propia vida, en todo tiempo.

Al cooperar con Dios, *puede* cambiar las circunstancias en su vida. Sin Dios, nada puede cambiar; pero con Él, todo es posible (vea Mateo 19:26; Marcos 9:23). He experimentado esta verdad en lo personal y la vi cumplirse en las vidas de otras personas un sinnúmero de veces. Así que sé que usted puede comenzar a cambiar las cosas si toma la Palabra de Dios y empieza a declararla sobre su vida.

Hasta ahora, usted es consciente de los peligros de hablar palabras negativas; pero Dios no quiere que solo retenga esto, sino que vaya más allá y comience a profetizar (declarar) aquellas cosas que quiere que

sucedan en su vida y que Dios le prometió conforme
a su Palabra.

Quisiera que entienda que cuando lo animo a
que profetice sobre su futuro, no me refiero a que
le diga a otros aquello que cree que hará o tendrá,
(podrá hacerlo, pero no en esta instancia). Me refiero
a que profetice sobre su vida en primer lugar: mientras conduce a su trabajo, limpia su casa o hace otras
cosas aparte de su rutina diaria. Comience a declarar
las promesas de Dios que espera que se manifiesten
en su vida, y que sea entre usted y Dios, hasta que Él
lo guíe para compartirlo con otros.

Deje que las promesas de Dios sean concebidas
en su espíritu y finalmente dará a luz a los sueños
que Él ha puesto en su corazón. Por muchos años,
creí que algún día enseñaría la Palabra de Dios alrededor del mundo y hoy es una realidad. Al principio,
no obstante, no veía ninguna señal visible de que mi
sueño se fuera a cumplir. Aparte de Dios, era la única
persona que lo creía. Comencé a orar por ello; es-
tudié la Palabra de Dios con diligencia para poder
enseñar; siempre tenía este deseo presente y lo declaraba en voz alta cuando estaba a solas con Dios. A lo
largo del camino, fueron sucediendo pequeñas cosas
que me animaron a seguir creyendo, hasta que finalmente estoy viviendo mi sueño.

¿Qué es lo que se está incubando dentro de usted?

¿En qué piensa la mayor parte del tiempo? ¿Sobre qué habla la mayoría de las veces? Crea que Dios puede y hará grandes cosas a través de usted y con usted. ¡Sueñe en grande porque servimos a un Dios grande!

Conozco una madre que tiene un niño pequeño al que no le interesa mucho hablar. Cuando quiere algo, por lo general llora, gruñe o señala lo que quiere; pero su mamá no se lo da hasta que usa sus palabras. A menudo le dice: «Usa tus palabras». Quizás, esto sea lo que Dios nos esté diciendo. Él nos ha dado su Palabra; ¡ahora es tiempo de que usemos nuestras palabras y veamos los resultados!

CAPÍTULO 22

Use sus palabras para cooperar con el plan de Dios

El Señor quiere que sepa que Él sabe desde el comienzo el final de todas las cosas. Mire lo que Él dice acerca de esto en Isaías 46:9–10:

> *Acordaos de las cosas pasadas desde los tiempos antiguos; porque yo soy Dios, y no hay otro Dios, y nada hay semejante a mí, que anuncio lo por venir desde el principio, y desde la antigüedad lo que aún no era hecho; que digo: Mi consejo permanecerá, y haré todo lo que quiero.*

El Señor es el Alfa y la Omega, el principio y el fin (vea Apocalipsis 1:8). Él también es todo lo que entre ellos existe. Él sabe, incluso antes de que cualquier problema aparezca, que podemos ser victoriosos si peleamos la buena batalla de la fe. Sus propósitos no son negativos.

Romanos 8:37 dice que somos «más que vencedores». Significa que podemos saber que ganaremos, aun antes de que la batalla tenga lugar. En otras palabras, podemos ver el final desde el principio. Hemos leído y creído las promesas de Dios.

Profetizar sobre nuestro futuro significa literalmente declarar desde el principio lo por venir; declarar con nuestras palabras nuestros sueños y visiones para el futuro sobre cada aspecto de nuestras vidas. Hay bendiciones que deseamos en muchos ámbitos—en lo personal, en lo espiritual, en las relaciones, en lo financiero—para nuestras familias, nuestras carreras, nuestra salud y muchas otras áreas.

Hubo momentos en mi vida cuando anhelaba ser bendecida con ciertas cosas; pero porque no comprendía el poder de mis palabras, hacía comentarios tales como «Posiblemente nunca obtenga esto» o «A causa de mi pasado, no creo que pueda llegar a experimentar esa bendición». Hablaba sobre mi futuro en base a las experiencias de mi pasado y, por lo tanto, maldecía mi futuro con mis propias palabras. Hablaba en consonancia con el enemigo en vez de con Dios, quien siempre nos da esperanza para nuestro futuro (Jeremías 29:11).

Necesitaba aprender a llamar las cosas que no eran, como si fueran (Romanos 4:17). Tenía que aprender a tomar del mundo espiritual lo que deseaba y creía que sucedería, aunque en ese momento aún no fuera una realidad.

También debía aprender a cooperar con el plan de Dios para mi vida; pero no podía hacerlo porque me había dejado engañar. Creí las mentiras del enemigo, en vez de la verdad de Dios. A Satanás se lo conoce como el engañador; como dijo Jesús en Juan 8:44, es mentiroso y padre de mentira. Su plan es causarnos problemas y luego los utiliza en nuestra contra para influenciar nuestro futuro. Es muy astuto para hacernos creer que las cosas nunca cambiarán; pero Dios siempre está presto para guiarnos a experiencias y logros nuevos y maravillosos. Dios es un experto en hacer todas las cosas nuevas (2 Corintios 5:17).

Isaías 65:16–17 nos da una visión más amplia sobre el poder de nuestras palabras:

> El que se bendijere en la tierra, en el Dios de verdad se bendecirá; y el que jurare en la tierra, por el Dios de verdad jurará; porque las angustias primeras serán olvidadas, y serán cubiertas de mis ojos. Porque he aquí que yo crearé nuevos cielos y nueva tierra; y de lo primero no habrá memoria, ni más vendrá al pensamiento.

En este pasaje, Dios mismo establece un principio doble que podemos poner en práctica en aquellas áreas de nuestras vidas que necesitan un cambio. En primer lugar, vemos que nuestras propias palabras tienen mucha más autoridad en nuestras vidas que las de alguien más. En segundo lugar, vemos que nuestro futuro no puede ser bendecido hasta que dejemos atrás el pasado que nos ata. Dios reitera este concepto en Isaías 43:18–19:

No os acordéis de las cosas pasadas, ni traigáis a memoria las cosas antiguas. He aquí que yo hago cosa nueva; pronto saldrá a luz; ¿no la conoceréis? Otra vez abriré camino en el desierto, y ríos en la soledad.

Estos dos pasajes de Isaías indican que podemos cooperar con el plan de Dios; es decir, tenemos la capacidad para actuar. Note que Isaías 43:19 pregunta: «¿No la conoceréis?». Es decir, la decisión es nuestra. Podemos elegir abrazar o no las cosas nuevas en nuestro futuro.

Podemos desatar el plan de Dios para nuestras vidas al dejar de pensar sobre el pasado, y creer que Dios tiene planes de bien para nuestro futuro.

Creo que si dejamos de vivir mentalmente en el pasado, podemos comenzar a pensar como Dios sobre nuestro futuro. Una vez que nuestros pensamientos se alineen con los pensamientos de Dios, nuestras palabras se alinearán también.

Si usted es como la mayoría de las personas, estará expectante por descubrir aquellas cosas nuevas que sucederán en su vida. Dios dijo en Isaías 42:9: «He aquí se cumplieron las cosas primeras, y yo anuncio cosas nuevas; antes que salgan a luz, yo os las haré notorias».

Si está cansado de las cosas viejas y anhela cosas

nuevas en su vida, entonces comience a declararlas. Descubra cuál es la voluntad del Señor para su vida al estudiar su Palabra y declárela con su boca. No permita que el enemigo o sus propios pensamientos y emociones carnales continúen guiando su vida o la mantengan atada al pasado. Comience a declarar las cosas nuevas que Dios tiene para usted. En vez de decir «Nada va a cambiar», diga «Estoy expectante a los cambios para bien que tendrán lugar en mi vida y en mis circunstancias cada día». Descubra qué dice la Palabra de Dios sobre sus promesas y comience a declarar lo por venir desde el principio, a medida que usa sus palabras para cooperar con el plan de Dios para su futuro.

CAPÍTULO 23

Visualícelo y declárelo

A fin de profetizar sobre nuestro futuro, debemos primeramente saber qué fue dicho por Dios y creerlo con nuestro corazón, aun si no vemos su cumplimiento de inmediato. Si hay alguien en la Biblia a quien debemos reconocer por creerle a Dios sin ver ninguna manifestación de la Palabra de Dios, es Abraham (cuyo nombre fue originariamente Abram). Permítame recordarle esta historia que se encuentra en Génesis 15:1–6:

> *Después de estas cosas vino la palabra de Jehová a Abram en visión, diciendo: No temas, Abram; yo soy tu escudo, y tu galardón será sobremanera grande.*
>
> *Y respondió Abram: Señor Jehová, ¿qué me darás, siendo así que ando sin hijo, y el mayordomo de mi casa es ese damasceno Eliezer?*
>
> *Dijo también Abram: Mira que no me has dado prole, y he aquí que será mi heredero un esclavo nacido en mi casa.*
>
> *Luego vino a él palabra de Jehová, diciendo: No te heredará éste, sino un hijo tuyo será el que te heredará. Y lo llevó fuera, y le dijo: Mira ahora los cielos, y cuenta las estrellas, si las puedes contar. Y le dijo:*

Así será tu descendencia. Y creyó a Jehová, y le fue contado por justicia.

A Abraham comúnmente se lo conoce como el «padre de la fe», porque nunca dudó o dejó de creer que la promesa de Dios, la cual parecía imposible, se cumpliría. En sus comienzos, Abraham era conocido con el nombre de Abram, y su esposa Sara como Sarai. Ellos no tenían hijos y ya eran de edad muy avanzada para concebir; sin embargo, recibieron una promesa de Dios de que Sara daría a luz a un hijo. ¡Eso era un milagro!

Dios les dice en Génesis 17:5, 15–16:

Y no se llamará más tu nombre Abram, sino que será tu nombre Abraham, porque te he puesto por padre de muchedumbre de gentes...Dijo también Dios a Abraham: A Sarai tu mujer no la llamarás Sarai, mas Sara será su nombre. Y la bendeciré, y también te daré de ella hijo; sí, la bendeciré, y vendrá a ser madre de naciones; reyes de pueblos vendrán de ella.

Quizás Dios les cambió sus nombres porque Abram y Sarai necesitaban renovar la imagen de sí mismos antes de que la promesa se cumpliera. Estos nombres tenían significados especiales. Cada vez que fueran llamados por sus nombres, se profetizaría sobre sus futuros: Abraham sería el padre de multitudes y su esposa Sara sería la madre de naciones y reyes.

Dudo que Sara, siendo estéril, se viera a sí misma como una princesa. En la antigüedad, las mujeres estériles eran menospreciadas y, sin lugar a dudas, era consciente del estigma que llevaba. Necesitaba verse diferente, y el recibir un nombre nuevo fue una parte importante para su autoimagen.

Una vez que Abram y Sarai recibieron sus nombres nuevos, el milagro prometido comenzó a ser revelado. Al cambiarles los nombres, la palabra fue librada al mundo espiritual, en donde el milagro de Abraham y Sara ya había sido consumado. Cada vez que se pronunciaban sus nombres, se reafirmaba el milagro que Dios les había prometido. Ahora las palabras habladas en este mundo, coincidían con la Palabra que Dios había hablado en Génesis 15.

La clave para el cumplimiento de la promesa de Dios a Abraham fue que Abraham le *creyó* a Dios. Aun el apóstol Pablo, que vivió mucho tiempo después que él, escribió en Romanos 4:18–21 sobre la fe de Abraham:

> *El creyó en esperanza contra esperanza, para llegar a ser padre de muchas gentes, conforme a lo que se le había dicho: Así será tu descendencia. Y no se debilitó en la fe al considerar su cuerpo, que estaba ya como muerto (siendo de casi cien años), o la esterilidad de la matriz de Sara. Tampoco dudó, por incredulidad, de*

la promesa de Dios, sino que se ortaleció en fe, dando gloria a Dios, plenamente convencido de que era también poderoso para hacer todo lo que había prometido.

Como ocurrió con Abraham, no recibiremos un milagro a menos que creamos que Dios es el Dios de lo imposible y que también puede hacerlo por nosotros.

En la historia de Abraham, la promesa no se cumplió de inmediato. Pasaron muchos años desde que Dios le dijo que sería el padre de muchas naciones hasta el nacimiento de su hijo Isaac.

Es importante destacar que no solamente Abraham y Sara le creyeron a Dios, sino también sus palabras reafirmaban su fe. Romanos 4:17 dice que servimos a un Dios que «llama las cosas que no son, como si fuesen». De acuerdo con Romanos 4:18–21, creo que esto fue lo que Abraham hizo.

El profetizar sobre nuestro futuro al declarar la Palabra de Dios, bien sea su Palabra escrita o una palabra específica que Él nos haya dado por medio de su Espíritu, nos ayuda a fortalecer nuestra fe hasta que veamos el cumplimiento de su promesa.

Deseo que su boca pueda ser llena con palabras de fe y no de duda o incredulidad. Sea siempre una persona positiva. Puede ser positivo aun cuando las circunstancias a su alrededor luzcan negativas. No niegue la realidad de los problemas, pero no permita que estos controlen su estado de ánimo y actitud. Jesús dijo que en el mundo tendremos aflicción, pero nos anima a confiar porque Él ha vencido al mundo (Juan 16:33). Lo animo a que ponga una sonrisa en su rostro, llene su mente de cosas buenas y que sus palabras estén alineadas con la Palabra de Dios.

CONCLUSIÓN

En este libro, he tratado de enfatizar cuánto podemos bendecir—y maldecir—con nuestras palabras. También he intentado explicar que el proceso de nuestro crecimiento espiritual y preparación para que Dios nos use implica que cambiemos nuestra forma de hablar.

Espero que pueda recordar todos los principios y las verdades claves desarrolladas en este libro; pero si solo recuerda uno, que sea el siguiente: *las palabras son portadoras de poder*. Es por ello que en la Biblia se encuentran tantos pasajes sobre el uso correcto e incorrecto de nuestra lengua.

A fin de ejemplificar muchos de los versículos y pasajes de la Escritura relacionados con la boca, he compartido varias experiencias personales que destacan las lecciones que he aprendido en mi vida personal y ministerio. Asimismo, mi intención ha sido ayudarle a que pueda aplicar estas verdades de la Palabra de Dios sobre su vida diaria.

Al final del libro, en los apéndices, se incluyen tres clases diferentes de declaraciones que podrá usar fácilmente como referencia y adquirir el hábito de declarar la Palabra de Dios. El primer apéndice comprende en general declaraciones de fe de la Biblia. El segundo le proporciona escrituras sobre el poder de sus palabras; y el tercero incluye una lista de recordatorios sobre el poder de la Palabra de Dios. He usado estas declaraciones por años para aplicar la Palabra de Dios sobre muchas situaciones que, como cristianos, enfrentamos a diario en nuestro caminar.

Mi oración es que estas escrituras lo ayuden en su esfuerzo por adquirir el control de sus palabras y así transformar las circunstancias en su vida—por su propio bien y el bien de sus allegados—.

Permítame animarle del mismo modo que nos exhorta 2 Timoteo 2:16: «Mas evita profanas y vanas palabrerías, porque conducirán más y más a la impiedad». En cambio, aprenda a hablar como Dios habla. Es la Palabra de Dios, que sale de su boca con verdad y amor, la cual no regresará a Él hasta que haya cumplido su propósito (vea Isaías 55:11).

Sin embargo, para poder declarar su Palabra con verdad y amor, es necesario que su corazón sea limpiado, porque de la abundancia del corazón habla la boca, ya sean cosas buenas o cosas malas (Mateo 12:34–35).

Porque por nuestras palabras somos condenados; pero también por ellas somos justificados (Mateo 12:37). Es por ello que es tan importante que pongamos guarda a nuestra boca, a fin de que nuestras palabras no solo sean verdaderas, sino también amables, positivas y alineadas con la voluntad de Dios.

Cualquiera de nosotros podemos cambiar nuestras acciones y comportamientos; pero primeramente tenemos que cambiar nuestros pensamientos y nuestras palabras, y la única forma de lograrlo es con la ayuda del Espíritu de Dios, quien vive en nosotros.

Si desea una vida completamente diferente, déjeme animarle a que rinda su ser a Dios y humildemente le pida que pueda ser transformado a la imagen y semejanza de su Hijo Jesucristo.

Él está haciendo su obra en mí, y la hará con usted también. Dios quiere que sus palabras puedan reflejar su Palabra y su corazón. En la medida que esto suceda, verá su poder manifestarse en su vida.

Dios le bendiga.

Declaraciones de la Palabra de Dios

Cuando declaramos la Palabra de Dios, su verdad se establece en nuestros corazones. La siguiente lista comprende algunas de las confesiones que declaré por seis meses, dos veces al día, cuando estaba en mi proceso de aprendizaje sobre confesar la Palabra. Para entonces, las había declarado tan seguido que se convirtieron en una parte de mí. Al día de hoy, después de muchos años, aún oigo muchas de estas mismas palabras salir de mi boca cuando oro. Además, ahora puedo mirar con asombro mi lista de declaraciones al pensar cuán imposible parecían algunas de esas verdades cuando comencé por primera vez a declararlas y cuántas de ellas se han cumplido en mi vida. Creo que puede ocurrir lo mismo en su vida en la medida en que crea y confiese la Palabra de Dios.

Soy una nueva criatura en Cristo:

De modo que si alguno está en Cristo, nueva criatura es; las cosas viejas pasaron; he aquí todas son hechas nuevas.

2 Corintios 5:17

Estoy muerto al pecado, pero vivo en la justicia en Cristo Jesús:

Así también vosotros consideraos muertos al pecado, pero vivos para Dios en Cristo Jesús, Señor nuestro.
Romanos 6:11

Quien llevó él mismo nuestros pecados en su cuerpo sobre el madero, para que nosotros, estando muertos a los pecados, vivamos a la justicia; y por cuya herida fuisteis sanados.
1 Pedro 2:24

Conozco la verdad, y la verdad me hace libre:

Y conoceréis la verdad, y la verdad os hará libres.
Juan 8:32

Así que, si el Hijo os libertare, seréis verdaderamente libres.
Juan 8:36

El amor de Dios ha sido derramado en mi corazón:

Porque el amor de Dios ha sido derramado en nuestros corazones por el Espíritu Santo que nos fue dado.
Romanos 5:5

Hago todo con excelencia y prudencia:

Todo lo que te viniere a la mano para hacer, hazlo según tus fuerzas.

Eclesiastés 9:10

¿Has visto hombre solícito en su trabajo? Delante de los reyes estará; No estará delante de los de baja condición.

Proverbios 22:29

Aprovecho mi tiempo con sabiduría:

Mirad, pues, con diligencia cómo andéis, no como necios sino como sabios, aprovechando bien el tiempo, porque los días son malos.

Efesios 5:15–16

Echo toda mi ansiedad sobre el Señor, porque Él tiene cuidado de mí:

Echando toda vuestra ansiedad sobre él, porque él tiene cuidado de vosotros.

1 Pedro 5:7

No tengo un espíritu de cobardía, sino de poder, de amor y de dominio propio:

Porque no nos ha dado Dios espíritu de cobardía, sino de poder, de amor y de dominio propio.

2 Timoteo 1:7

No me sentiré culpable o con condenación:

Ahora, pues, ninguna condenación hay para los que están en Cristo Jesús, los que no andan conforme a la carne, sino conforme al Espíritu.

Romanos 8:1

Llevo cautivo todo pensamiento a la obediencia de Cristo:

Derribando argumentos y toda altivez que se levanta contra el conocimiento de Dios, y llevando cautivo todo pensamiento a la obediencia a Cristo.

2 Corintios 10:5

El diablo no tiene lugar en mi vida. Resisto al diablo y huirá de mí:

No le den ninguna oportunidad al diablo para que los derrote.

Efesios 4:27, PDT

Someteos, pues, a Dios; resistid al diablo, y huirá de vosotros.

Santiago 4:7

Ningún arma forjada contra mí prosperará, y condenaré toda lengua que se levante contra mí en juicio:

Ninguna arma forjada contra ti prosperará, y condenarás toda lengua que se levante contra ti en juicio.

Ésta es la herencia de los siervos de Jehová, y su
salvación de mí vendrá, dijo Jehová.

Isaías 54:17

No tendré más alto concepto de mí que el que debo tener:

Digo, pues, por la gracia que me es dada, a cada cual
que está entre vosotros, que no tenga más alto con-
cepto de sí que el que debe tener, sino que piense de
sí con cordura, conforme a la medida de fe que Dios
repartió a cada uno.

Romanos 12:3

Soy pronto para oír, tardo para hablar y tardo para airarme:

Por esto, mis amados hermanos, todo hombre sea
pronto para oír, tardo para hablar, tardo para airarse;

Santiago 1:19

He resuelto que mi boca no haga transgresión. Mi lengua hablará de tu justicia y de tu alabanza todo el día:

He resuelto que mi boca no haga transgresión.

Salmo 17:3

Y mi lengua hablará de tu justicia y de tu alabanza
todo el día.

Salmo 35:28

La ley de clemencia está en mi lengua. La ternura en mi forma de ser, y la misericordia y piedad en mi oído.

Y la ley de clemencia está en su lengua.

Proverbios 31:26

Antes fuimos tiernos entre vosotros, como la nodriza que cuida con ternura a sus propios hijos.

1 Tesalonicense 2:7

Juzgad conforme a la verdad, y haced misericordia y piedad cada cual con su hermano.

Zacarías 7:9

Me propongo agradar a mi prójimo en lo que es bueno, para edificarlo y no derribarlo o destruirlo:

Cada uno de nosotros agrade a su prójimo en lo que es bueno, para edificación.

Romanos 15:2

Clamo al Dios Altísimo, quien me favorece:

Clamaré al Dios Altísimo, Al Dios que me favorece.

Salmo 57:2

Soy un dador alegre. Más bienaventurado es dar
que recibir. Siempre tengo suficiente dinero para
dar:

> Y recordar las palabras del Señor Jesús, que dijo: Más
> bienaventurado es dar que recibir.
>
> Hechos 20:35

> Cada uno dé como propuso en su corazón: no con
> tristeza, ni por necesidad, porque Dios ama al dador
> alegre. Y poderoso es Dios para hacer que abunde en
> vosotros toda gracia, a fin de que, teniendo siempre
> en todas las cosas todo lo suficiente, abundéis para
> toda buena obra.
>
> 2 Corintios 9:7–8

Todos los miembros de mi familia son benditos.
Somos benditos en nuestro entrar y en nuestro
salir:

> Bendito el fruto de tu vientre…Bendito serás en tu
> entrar, y bendito en tu salir.
>
> Deuteronomio 28:4, 6

Escrituras que le recordarán el poder de sus palabras

Cada vez que necesite recordar cuán poderosas son sus palabras, lea, estudie y medite en estas escrituras:

Sean gratos los dichos de mi boca y la meditación de mi corazón delante de ti, Oh Jehová, roca mía, y redentor mío.

Salmo 19:14

Guarda tu lengua del mal, y tus labios de hablar engaño.

Salmo 34:13

Manantial de vida es la boca del justo; Pero violencia cubrirá la boca de los impíos.

Proverbios 10:11

El que guarda su boca guarda su alma; Mas el que mucho abre sus labios tendrá calamidad.

Proverbios 13:3

La blanda respuesta quita la ira; Mas la palabra áspera hace subir el furor.

Proverbios 15:1

La lengua apacible es árbol de vida; Mas la perversidad de ella es quebrantamiento de espíritu.

Proverbios 15:4

El hombre se alegra con la respuesta de su boca; Y la palabra a su tiempo, ¡cuán buena es!

Proverbios 15:23

El corazón del sabio hace prudente su boca, y añade gracia a sus labios.

Proverbios 16:23

Panal de miel son los dichos suaves; Suavidad al alma y medicina para los huesos.

Proverbios 16:24

La muerte y la vida están en poder de la lengua, y el que la ama comerá de sus frutos.

Proverbios 18:21

Manzana de oro con figuras de plata es la palabra dicha como conviene.

Proverbios 25:11

Jehová el Señor me dio lengua de sabios, para saber hablar palabras al cansado; despertará mañana tras mañana, despertará mi oído para que oiga como los sabios.

Isaías 50:4

¡Generación de víboras! ¿Cómo podéis hablar lo bueno, siendo malos? Porque de la abundancia del corazón habla la boca.

El hombre bueno, del buen tesoro del corazón saca buenas cosas; y el hombre malo, del mal tesoro saca malas cosas. Mas yo os digo que de toda palabra ociosa que hablen los hombres, de ella darán cuenta en el día del juicio. Porque por tus palabras serás justificado, y por tus palabras serás condenado.

Mateo 12:34–37

Ninguna palabra corrompida salga de vuestra boca, sino la que sea buena para la necesaria edificación, a fin de dar gracia a los oyentes.

Efesios 4:29

Sea vuestra palabra siempre con gracia, sazonada con sal, para que sepáis cómo debéis responder a cada uno.

Colosenses 4:6

Pues nuestro evangelio no llegó a vosotros en palabras solamente, sino también en poder, en el Espíritu Santo y en plena certidumbre, como bien sabéis cuáles fuimos entre vosotros por amor de vosotros.

Tesalonicense 1:5

Porque: El que quiere amar la vida y ver días buenos, refrene su lengua de mal, y sus labios no hablen engaño.

1 Pedro 3:10

Escrituras sobre el poder de confesar la Palabra de Dios

Nunca se apartará de tu boca este libro de la ley, sino que de día y de noche meditarás en él, para que guardes y hagas conforme a todo lo que en él está escrito; porque entonces harás prosperar tu camino, y todo te saldrá bien.

Josué 1:8

Lámpara es a mis pies tu palabra, y lumbrera a mi camino.

Salmo 119:105

Así será mi palabra que sale de mi boca; no volverá a mí vacía, sino que hará lo que yo quiero, y será prosperada en aquello para que la envié.

Isaías 55:11

El que se bendijere en la tierra, en el Dios de verdad se bendecirá; y el que jurare en la tierra, por el Dios de verdad jurará; porque las angustias primeras serán olvidadas, y serán cubiertas de mis ojos.

Isaías 65:16

Y me dijo Jehová: Bien has visto; porque yo apresuro mi palabra para ponerla por obra.

Jeremías 1:12

Porque de cierto os digo que cualquiera que dijere a este monte: Quítate y échate en el mar, y no dudare en su corazón, sino creyere que será hecho lo que dice, lo que diga le será hecho.

Marcos 11:23

Mas ¿qué dice? Cerca de ti está la palabra, en tu boca y en tu corazón. Ésta es la palabra de fe que predicamos: que si confesares con tu boca que Jesús es el Señor, y creyeres en tu corazón que Dios le levantó de los muertos, serás salvo.

Romanos 10:8–9

Porque la palabra de Dios es viva y eficaz, y más cortante que toda espada de dos filos; y penetra hasta partir el alma y el espíritu, las coyunturas y los tuétanos, y discierne los pensamientos y las intenciones del corazón.

Hebreos 4:12

Por tanto, teniendo un gran sumo sacerdote que traspasó los cielos, Jesús el Hijo de Dios, retengamos nuestra profesión.

Hebreos 4:14

Mantengamos firme, sin fluctuar, la profesión de nuestra esperanza, porque fiel es el que prometió.

Hebreos 10:23

JOYCE MEYER es reconocida mundialmente por enseñar la Palabra de Dios de una manera práctica. Su programa de televisión y radio, *Disfrutando la vida diaria*, se transmite en cientos de redes de televisión y estaciones de radio en todo el mundo.

Joyce ha escrito más de cien libros inspiracionales. Entre sus libros de éxitos de venta están: *Pensamientos de poder*; *Mujer segura de sí misma*; *Luzca estupenda, siéntase fabulosa*; *Empezando tu día bien*; *Termina bien tu día*; *La Biblia de la vida diaria*; *Adicción a la aprobación*; *Cómo oír a Dios*; *Belleza en lugar de cenizas*; y *El campo de batalla de la mente*.

Joyce viaja extensamente para compartir el mensaje de Dios en sus conferencias a lo largo de todo el año y habla a miles de personas en todo el mundo.

JOYCE MEYER MINISTRIES
OFICINAS EN EE. UU. Y EN EL EXTERIOR

Joyce Meyer Ministries
P.O. Box 655
Fenton, MO 63026, USA
(636) 349-0303
1-800-727-9673

Dirección de internet: www.joycemeyer.org

Por favor, incluya su testimonio o la ayuda
recibida de este libro cuando escriba. Sus
pedidos de oración son bienvenidos.

Joyce Meyer Ministries—Canadá
P.O. Box 7700
Vancouver, BC V6B 4E2, Canada
(800) 868-1002

Joyce Meyer Ministries—Australia
Locked Bag 77
Mansfield Delivery Centre
Queensland 4122, Australia
+61 7 3349 1200

Joyce Meyer Ministries—Inglaterra
P.O. Box 1549
Windsor SL4 1GT, United Kingdom
+44 1753 831102

Joyce Meyer Ministries—Sudáfrica
P.O. Box 5
Cape Town 8000, South Africa
+27 21 701 1056

OTROS LIBROS DE JOYCE

El campo de batalla de la mente
(más de tres millones de ejemplares vendidos)

Dios no está enojado contigo

Cómo formar buenos hábitos y romper malos hábitos

Hazte un favor a ti mismo...perdona

Pensamientos de poder

Vive por encima de tus sentimientos

Come la galleta...compra los zapatos

Mujer segura de sí misma

Adicción a la aprobación

La revolución de amor

Devocionales

Termina bien tu día

Empezando tu día bien

www.ingramcontent.com/pod-product-compliance
Lightning Source LLC
Chambersburg PA
CBHW021451201225
36556CB00001B/2